Die große DaZ-Spielesammlung

Ideen zur Sprachförderung für die Sekundarstufe I

Nina Wilkening

Verlag an der Ruhr

Impressum

Titel
Die große DaZ-Spielesammlung
Ideen zur Sprachförderung für die Sekundarstufe I

Autorin
Nina Wilkening

Umschlagmotive und Abbildungen im Innenteil
Grafik: © Denchik; Porträts (von oben links nach unten rechts):
© olly; © Lucky Drago; © Picture Partners; © Gelpi; © Zlatan Durakovic;
© stillkost – alle Fotolia.com

Lektorat
Dr. Daniela Rauthe

Druck
AZ Druck und Datentechnik GmbH, Kempten, DE

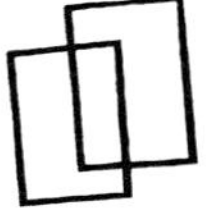

Verlag an der Ruhr
Mülheim an der Ruhr
www.verlagruhr.de

Geeignet für die Klassen 5–10

ISBN 978-3-8346-2757-5

Inhaltsverzeichnis

Vorwort 5
Hinweise zum Einsatz des Buches . . 6

Lernfeld 1: Ich und du 9

Hinweise zu Grund- und Aufbaukurs 10
Hallo – Auf Wiedersehen 11
Bitte – Danke 12
Wie bitte? 13
Ich bin ... Und du? 14
Detektivspiel 15
Ich mag .../... mag ich nicht 16
Flaschendrehen: Vorlieben 17
Uno, due, tre – Zählwettbewerb . . 18
Ich kann schwimmen 19
Kimspiel 20
Puzzle: Verabredungen 21
Rollenspiel: Telefonieren 22
Wer kann ...? 23
Schneeballschlacht 24
Dort war es 25
Schatzsuche: Schilder 26
Pyramidenquiz: Länder 27
Gefühlsgeschichte 29

Lernfeld 2: Lernen 31

Hinweise zu Grund- und Aufbaukurs 32
Dalli klick 33
Ich brauche ein Dingsbums 34
Stundenplan versenken 35
Pantomime: Schul- und Freizeitaktivitäten 36
Wochentage-Spiel 37
Schön scheußlich 38
Farbensammler 39
Gedächtnisspiel: Schulmaterialien . 41
Artikelsuchsel auf Zeit 42
Bingo: Computersprache 43
Basteldiktat 45
Rätsel: Lerntechniken 46
Fotoquiz: Stadtbücherei 47
Wer klatscht, gewinnt 48
Ich lese am liebsten 49
Bingo: Wörterbuch 50
Hitliste 51
Puzzle: Gebrauchsanweisungen . . . 52

Lernfeld 3: Sich orientieren 53

Hinweise zu Grund- und Aufbaukurs 54
Ich suche 55
Wo gibt es ...? 57
Supermarktrallye 58
Der Preis ist heiß 59
Rollenspiel: Einkaufen 60
Stadtplansuche 61
Doppelkreismatch: Wann fährt der Bus? 62
Happy Birthday – Line-up 63
Wann ist Training? 64
Quiz: Wunschberuf 65
Kartenspiel: Gestern, heute, morgen 66
Filme raten 67
Diskussionsfight 68
Quiz: Atlas 69
Busplanmatch 70
Schwarzer Peter: Gestern und heute 71
Quiz: Medien 72

Inhaltsverzeichnis

Lernfeld 4: Miteinander leben. . . 73

Hinweise zu Grund- und Aufbaukurs 74
Warme Dusche 75
Entschuldigen Sie bitte 76
Kannst du mir bitte die Hand schütteln? 77
Meine Mutter kocht 78
Rätsel: Familie 79
Möbelsuche 80
Flaschendrehen: Uhrzeiten 81
Partyspiel 82
Puzzle: Tagesablauf 83
Pärchenspiel mit Menschen: Tätigkeiten 84
Wie ist das Wetter in Berlin? 85
Würfelspiel: An Ostern gibt es oft Regen 86
Friedenspfeifer 87
Sachensucher 88

Lernfeld 5: Was mir wichtig ist . . 89

Hinweise zu Grund- und Aufbaukurs 90
Richtungswechsel 91
Pärchenspiel mit Menschen: Berufe 92
Was bin ich? 93
Ciao, amigo 95
Rollenspiel: Streit 96
Ich packe meinen Koffer – einmal anders 97
Bingo: Fähigkeiten 98
Zungenbrecher 99
Fernsehwörter sammeln 100
Lösungen würfeln 101
Das Haus vom Nikolaus: Zukunftswünsche 103
Rollenspiel: Werbeclip für den Traumberuf 104
Wünsche angeln 105
Puzzle: Lebenslauf 106
Kartenspiel: Berufe 107

Lernfeld 6: Sich wohlfühlen. . . . 109

Hinweise zu Grund- und Aufbaukurs 110
Wie geht es dir? 111
Gefühle in der Tüte 112
Interessenskreis 113
Modequeen 114
Lieblingsessen 115
Würfelspiel: Natur 116
Pantomime: Sportarten 117
Pärchenspiel mit Menschen: Körper 118
Domino: Glückwünsche aus aller Welt 119
Rollenspiel: Interview 121
Würfelspiel: Mein Leben als Millionär 122
Blick in die Zukunft 123
Galgenmännchen: Musik 124
Stadt, Land, Fluss für Jugendliche 125
Tiere sammeln 126
Tabu: Sport 127
Wer bin ich? 128

Liebe Leser*,

Deutsch als Zweitsprache zu unterrichten, ist ein zugleich Freude bringendes und anspruchsvolles Unterfangen. Das Fach bietet viele Chancen, mit Schülern offen ins Gespräch zu kommen und ihre Gedanken und Gefühle kennen zu lernen. Sprachliches Handeln steht im Vordergrund. Der Einsatz von Medien wie auch spielerisches, bewegtes und kooperatives Lernen sind wichtige Aspekte, die es zu beachten gilt und die für einen abwechslungsreichen Unterricht sorgen können.

Anspruchsvoll ist das Fach vor allem deshalb, weil die Schüler oft ganz unterschiedliche Lernvoraussetzungen mitbringen, die noch mehr differieren als in anderen Fächern. Es gilt, diejenigen Schüler, die bereits in Deutschland aufgewachsen sind, einen deutschsprachigen Kindergarten besuchten und zwischen den Kulturen hin und her switchen, nicht zu unterfordern. Zugleich darf man aber diejenigen, die geringe Deutschkenntnisse haben oder Falsches gelernt haben, nicht überfordern und aus den Augen verlieren.
Um beiden Gruppen gerecht zu werden, wurde viel Wert darauf gelegt, durch die spielerische Aufbereitung der geforderten Themen die Motivation aller, eben auch der Leistungsstarken, aufrechtzuerhalten. Zudem wird der Lernstoff besser im Gedächtnis behalten, wenn man positive Emotionen ermöglicht. Darüber hinaus werden zusätzlich zu den Spielbeschreibungen Hinweise zur Differenzierung gegeben, um allen Schülern speziell auf ihre Bedürfnisse und Fähigkeiten zugeschnittene Angebote machen zu können.

Inhaltlich und thematisch orientieren sich die Spielvorschläge an den Vorgaben der Rahmenrichtlinien zum Fach „Deutsch als Zweitsprache" des Bundeslandes Bayern. In nahezu allen aktuellen Rahmenrichtlinien werden die bayerischen Vorgaben zitiert, sodass die Spiele in allen Bundesländern einsetzbar sind.

Ich wünsche Ihnen, dass Sie gemeinsam mit Ihren Schülern viel Spaß und Freude beim spielerischen Lernen erleben und Ihnen dieses Buch dabei hilfreiche Anregungen gibt!

Nina Wilkening

* Aus Gründen der besseren Lesbarkeit haben wir in diesem Buch durchgehend die männliche Form verwendet. Natürlich sind damit auch immer Frauen und Mädchen gemeint, also Lehrerinnen, Schülerinnen etc.

Hinweise zum Einsatz des Buches

Zum Aufbau

Aus den bayerischen Rahmenrichtlinien für das Fach „Deutsch als Zweitsprache", die in nahezu allen aktuellen Rahmenrichtlinien zitiert werden, wurde die Unterscheidung in Grundkurs und Aufbaukurs sowie die Einteilung des Stoffes in die folgenden sechs Lernfelder übernommen:

- Ich und du *(Lernfeld 1)*
- Lernen *(Lernfeld 2)*
- Sich orientieren *(Lernfeld 3)*
- Miteinander leben *(Lernfeld 4)*
- Was mir wichtig ist *(Lernfeld 5)*
- Sich wohlfühlen *(Lernfeld 6)*

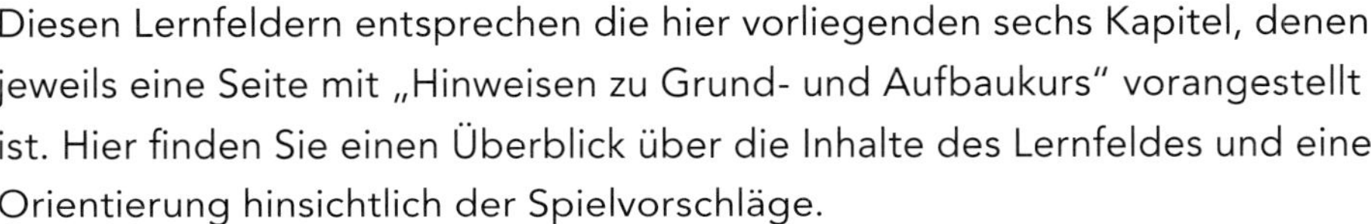

Diesen Lernfeldern entsprechen die hier vorliegenden sechs Kapitel, denen jeweils eine Seite mit „Hinweisen zu Grund- und Aufbaukurs" vorangestellt ist. Hier finden Sie einen Überblick über die Inhalte des Lernfeldes und eine Orientierung hinsichtlich der Spielvorschläge.

Jeder Spielvorschlag beginnt mit kurzen Hinweisen zum behandelten Thema sowie mit Angaben zu den Voraussetzungen, die die Schüler mitbringen sollten, und zu den Kompetenzen, die ihnen vermittelt werden. Es werden die für das Spiel nötigen Materialien aufgelistet, die einzelnen vorbereitenden Schritte erläutert und die Spielanleitungen ausgeführt. Weiterhin finden Sie Hinweise zu Differenzierungsmöglichkeiten und Spielvariationen.

Zum Einsatz

Die Spiele sind konzipiert als Ergänzung zu weiteren Aktivitäten im Unterricht, können aber teilweise durchaus auch eine gesamte Unterrichtsstunde füllen. Sie können die Spiele z. B. als motivierenden Einstieg in Ihre Unterrichtsstunde einbauen oder auch als didaktische Reserve nutzen, wenn am Ende einer Unterrichtsstunde Zeit übrig ist. Ebenso ist es denkbar, eine Vertretungsstunde als „Spielstunde" zu halten und quasi „nebenbei" Lernzuwachs zu ermöglichen. Auch im „normalen" Deutschunterricht können einige Spiele eingesetzt werden. Das Wiederholen der Spiele in Folgestunden bietet sich an, um das Gelernte zu festigen.

Theoretische Grundlagen

Sprachfördergruppen weisen generell eine große Heterogenität auf – hinsichtlich Sprachkompetenz, kultureller Hintergründe, Lebensbedingungen und Wertvorstellungen der Herkunftsfamilien. Wichtig sind in dieser Hinsicht auch äußere Bedingungen wie Aufenthaltsstatus und -dauer und individuelle Bedingungen, etwa schulische und außerschulische Lernerfahrungen oder der Entwicklungsstand der Erstsprache.

Sprachfördermaßnahmen für Kinder mit Deutsch als Zweitsprache setzen bereits im Kindergarten an. In vielen Bundesländern werden die sprachlichen Fähigkeiten aller Kinder ein Jahr vor der Einschulung getestet. Auf der Grundlage der Testergebnisse werden gezielte Sprachfördermaßnahmen im letzten Jahr vor der Einschulung von Lehrern in den Kindergärten als Einzel- oder Gruppenförderung durchgeführt.

Die Sprachförderung im Kindergarten, in der Grundschule und den weiterführenden Schulen leitet sich aus der jeweils individuellen Lernausgangslage der Kinder ab und richtet sich an die gesamte Persönlichkeit. Individuelle Förderpläne sollen diesem Anspruch gerecht werden. Die Schüler sollen soziale, sprachliche, methodische und interkulturelle Kompetenzen entwickeln und im mündlichen und schriftlichen Bereich sprachlich handlungsfähig werden, um einem angemessenen Bildungsgang nachgehen und damit umfassend am gesellschaftlichen System der Bundesrepublik Deutschland teilhaben zu können. Im Einzelnen ist unter den verschiedenen Kompetenzen Folgendes zu verstehen:

- **Soziale Kompetenz:** Die Schüler erweitern ihre kommunikative Kompetenz, um sich die Welt erschließen und selbstständig handeln zu können.
- **Sprachliche Kompetenz:** Sie beinhaltet die Aspekte Hörverstehen und Sprechen, Leseverstehen und Schreiben, Wortschatz und Redemittel, Syntax und Morphologie.
- **Methodische Kompetenz:** Die Schüler verfügen über Lerntechniken, Strategien und Sprachreflexion.
- **Interkulturelle Kompetenz:** Die Schüler werden im Sprachvergleich geschult und entwickeln eine Sensibilität für kulturelle Erfahrungen.

Für den Erfolg der Sprachförderung ist es von enormer Wichtigkeit, wie im Unterricht und im Schulleben mit der Mehrsprachigkeit der Schüler umgegangen wird. Wird sie als etwas Positives erlebt und werden die Schüler in ihrer

Identität bestärkt, indem ihre Mehrsprachigkeit als sprachliche Kompetenz wertgeschätzt wird, trägt dies erheblich zum Lernerfolg bei. Es gilt, die Erfahrungen aller – Deutscher und Zugewanderter sowie in Deutschland geborener und aufgewachsener Jugendlicher mit Migrationshintergrund – zu thematisieren, miteinander zu vergleichen und aufgrund des Vergleichs zu neuen Erkenntnissen und Einstellungen zu gelangen.

Didaktische und methodische Aspekte

Das Aneignen einer Zweitsprache ist ein individueller Prozess. Offener Unterricht, der jedem Schüler die Möglichkeit bietet, an seine individuellen Lernvoraussetzungen anzuknüpfen und diese im eigenen Tempo weiterzuentwickeln, ist eine Grundvoraussetzung für gelingendes Lernen.

Der Lehrer muss den Schülern sprachliche Ausdrucksformen an die Hand geben, ihnen die Möglichkeit bieten, ihre neu erworbenen Fähigkeiten im handelnden Austausch mit anderen auszuprobieren und zu festigen. Darüber hinaus muss der Lehrer die Entwicklung der Schüler beobachten, Fehler aufgreifen und Hilfen zur Optimierung anbieten. Es sollte eine positive Fehlerkultur herrschen, bei der Fehler als „Ausdruck der je individuellen Interimssprache" (Rahmenrichtlinien Deutsch als Zweitsprache, hrsg. vom Niedersächsischen Kultusministerium, S. 15) verstanden werden.

Der individuelle Schüler steht als lernendes Subjekt im Mittelpunkt des Unterrichts. Dies setzt voraus, dass dem Schüler eigenverantwortliches Lernen zugetraut und zugestanden wird. In der Unterrichtsgestaltung sind frontale Phasen zu minimieren, „prozessgeleitete Wortschatz- und Strukturerweiterung" (ebd.) steht im Mittelpunkt. Als weitere Konsequenzen sehen die Rahmenrichtlinien folgende Aspekte zur Gestaltung des Unterrichts im Fach „Deutsch als Zweitsprache" als unumgänglich vor:

- Individualisierung
- integratives Lernen
- Notwendigkeit zur Differenzierung
- individuelle rezeptive Phase.

Der Unterricht im Fach „Deutsch als Zweitsprache" orientiert sich an den Voraussetzungen der Lernenden und berücksichtigt dabei die Erkenntnisse der Spracherwerbsforschung und die Gesetzmäßigkeiten des Sprachlernprozesses.

Lernfeld 1:
Ich und du

Hinweise zu Grund- und Aufbaukurs

Grundkurs

Es geht um das Ankommen in der Schule und das gegenseitige Kennenlernen. Die Schüler lernen, wie man einander begrüßt und durch Fragen kennen lernt. Sie äußern sich zu ihren Freizeitbeschäftigungen und Vorlieben und erlernen die Höflichkeitsformen „Bitte" und „Danke".

Thema	Spielvorschlag	Seite
Sich begrüßen und sich verabschieden	Hallo – Auf Wiedersehen	11
Höflichkeitsformen anwenden	Bitte – Danke	12
Nachfragen	Wie bitte?	13
Sich vorstellen	Ich bin … Und du?	14
Persönliche Daten austauschen	Detektivspiel	15
Vorlieben und Abneigungen äußern	Ich mag …/… mag ich nicht	16
Vorlieben erfragen und formulieren	Flaschendrehen: Vorlieben	17
In der Herkunftssprache zählen	Uno, due, tre – Zählwettbewerb	18
Fähigkeiten benennen	Ich kann schwimmen	19
Alltagsgegenstände benennen	Kimspiel	20

Aufbaukurs

Im Vordergrund stehen Fähigkeiten, Interessen und Gefühle der Schüler. Hinzu kommen die Themen Verabredungen, Erlebnisse und Regeln. Die Schüler drücken Gedanken, Gefühle und Interessen aus mittels Phrasen wie „… kann ich gut/überhaupt nicht", „Ich fürchte/wünsche, dass …".

Thema	Spielvorschlag	Seite
Verabredungen treffen	Puzzle: Verabredungen	21
Verabredungen treffen	Rollenspiel: Telefonieren	22
Fähigkeiten erfragen und benennen	Wer kann …?	23
Wünsche und Hoffnungen formulieren	Schneeballschlacht	24
Erlebnisse berichten und Orte beschreiben	Dort war es …	25
Gebots- und Verbotsschilder erkennen	Schatzsuche: Schilder	26
Textinformationen verwerten	Pyramidenquiz: Länder	27
Gefühle bestimmten Situationen zuordnen	Gefühlsgeschichte	29

Hallo – Auf Wiedersehen

Thema:	sich begrüßen und sich verabschieden
Voraussetzungen:	keine
Kompetenzerwartungen:	Die Schüler verinnerlichen Begrüßungs- und Verabschiedungsphrasen.
Benötigte Materialien:	keine
Vorbereitung:	Gehen Sie mit den Schülern auf den Pausenhof oder in die Turnhalle. Sprechen Sie Linien ab, an denen sich die Mannschaften treffen und bis zu denen sie laufen müssen.

Spielanleitung:

Das Spiel ist eine Abwandlung des Bewegungsspiels „Samurai, Oma und Löwe" bzw. des bekannten Spiels „Schere, Stein, Papier". Zwei Mannschaften spielen gegeneinander und vereinbaren heimlich, welche der folgenden Aktionen sie durchführen wollen:

- „Hallo" sagen und die Hand zur Begrüßung heben
- „Wie geht's?" sagen, lächeln und nicken
- „Auf Wiedersehen" sagen und winken

Die Spielregeln lauten:

- „Wie geht's?" schlägt „Hallo".
- „Auf Wiedersehen" schlägt „Wie geht's?".
- „Hallo" schlägt „Auf Wiedersehen".

Beide Mannschaften treffen sich, nachdem sie intern ihre Aktion verabredet haben, an der Mittellinie. Auf Ihr Kommando führen die Mannschaften die Aktionen gleichzeitig durch. Die Mannschaft, die geschlagen wird, rennt weg, die andere Mannschaft versucht, die Schüler zu fangen. Wer vor der vereinbarten Ziellinie gefangen wurde, geht zur gegnerischen Mannschaft.
Das Spiel ist beendet, wenn es nur noch eine Mannschaft gibt.

Variationen:

- Tauschen Sie die Begrüßungs- und Verabschiedungsphrasen aus (z. B. durch „Tschüss", „Hi", „Guten Tag", „Guten Morgen" usw.).
- Spielen Sie das Spiel in den Herkunftssprachen der Schüler.

Bitte – Danke

Thema:	Höflichkeitsformeln anwenden
Voraussetzungen:	keine
Kompetenzerwartungen:	Die Schüler kennen die Phrasen „Bitte" und „Danke".
Benötigte Materialien:	ein kleiner Ball (alternativ ein zerknülltes Blatt Papier als Ball-Ersatz), ein CD-Player mit Musik-CD
Vorbereitung:	keine

Spielanleitung:

Bitten Sie die Schüler, sich im Kreis aufzustellen. Erklären Sie die Spielregel: Während im Hintergrund die Musik läuft, geben die Schüler den Ball reihum weiter. Der abgebende Schüler sagt „Bitte", der annehmende Schüler sagt „Danke". Der Ball darf erst dann weitergegeben werden, wenn deutlich „Danke" gesagt wurde. Wer den Ball zu früh abgibt, scheidet aus. Stoppen Sie nach einiger Zeit die Musik. Der Schüler, der zu diesem Zeitpunkt den Ball in der Hand hält, scheidet aus. Das Spiel ist beendet, wenn nur noch ein Schüler übrig ist.

Variation:

Im Sommer können Sie das Spiel mit den Schülern auch im Freien spielen und als Gegenstand eine Wasserbombe nehmen.

Wie bitte?

Thema:	nachfragen
Voraussetzungen:	keine
Kompetenzerwartungen:	Die Schüler kennen die Phrase „Wie bitte?" und wissen, dass sie angewendet wird, wenn man etwas akustisch oder inhaltlich nicht verstanden hat.
Benötigte Materialien:	keine
Vorbereitung:	keine

Spielanleitung:

Stellen Sie sich mit den Schülern im Kreis auf. Wählen Sie einen Schüler (Schüler 1) aus. Dieser versucht wie beim Spiel „Armer schwarzer Kater" einen anderen Schüler (Schüler 2) zum Lachen zu bringen, indem er zu ihm hingeht, einen lustigen Satz flüstert und mit Mimik und Gestik arbeitet. Schüler 1 hat drei Versuche, Schüler 2 zum Lachen zu bringen. Nach jedem Versuch fragt Schüler 2 „Wie bitte?". Ist es Schüler 1 nach drei Versuchen nicht gelungen, Schüler 2 zum Lachen zu bringen, muss Schüler 1 zu einem anderen Schüler gehen. Dies geht so lange, bis ein angesprochener Schüler lacht, der dann die Stelle von Schüler 1 einnimmt.

Variationen:

Sie können Schüler 1 selbst bestimmen lassen, ob er während der drei Versuche Lautstärke, Intonation und Inhalt des Satzes variiert, oder Sie geben vor, dass die Schüler in einer Runde beispielsweise leise und traurig, in einer anderen Runde lauter werdend und zornig sprechen sollen.

Ich bin ... Und du?

Thema:	sich vorstellen
Voraussetzungen:	keine
Kompetenzerwartungen:	Die Schüler kennen die Phrasen „Ich bin …", „Und wer bist du?" und „Du bist …".
Benötigte Materialien:	ein Wollknäuel
Vorbereitung:	keine

Spielanleitung:

Sie setzen sich mit den Schülern in einen Stuhlkreis. Sie nehmen das Wollknäuel in die Hand und sagen: „Ich bin Frau Müller. Und wer bist du?" Dann werfen Sie einem Schüler (Schüler 1) das Wollknäuel zu und behalten das Ende in der Hand. Schüler 1 sagt: „Ich bin Mehmet." Er hält ein Stück Faden fest, wirft das Wollknäuel einem anderen Schüler zu und sagt dabei: „Und wer bist du?" Dies geht so lange, bis alle Schüler dran waren und ein Stück Faden in der Hand halten.
Nun geht es andersherum: Der letzte Schüler, der das Wollknäuel gefangen hat, wirft es dem vorletzten zurück und sagt: „Ich bin Hakan und du bist Yasin." Der vorletzte Schüler (Yasin) wickelt das Stück Wolle auf, nennt seinen Namen und den des Vorgängers und wirft die Wolle weiter. Dies geht so lange, bis das Wollknäuel komplett aufgewickelt wieder bei Ihnen angekommen ist.

Hinweis zur Differenzierung:

Als Unterstützung kann es hilfreich sein, wenn Sie die Phrasen an die Tafel schreiben.

Detektivspiel

Thema:	persönliche Daten austauschen
Voraussetzungen:	Die Schüler kennen die Kategorien „Adresse", „Geburtstag" usw. und können sie mit ihren persönlichen Daten füllen.
Kompetenzerwartungen:	Die Schüler können persönliche Daten von anderen erfragen und auf Fragen persönliche Angaben machen.
Benötigte Materialien:	pro Schüler ein Blankoblatt und ein Stift
Vorbereitung:	keine

Spielanleitung:

Vereinbaren Sie mit den Schülern, welche Daten erfragt werden sollen. Schreiben Sie – wie bei einem Steckbrief – diese untereinander an die Tafel (z. B. Adresse, Telefonnummer, Geburtstag, Alter, Haarfarbe, Augenfarbe). Verteilen Sie die Blankoblätter und lassen Sie die Kategorien abschreiben und mit eigenen Daten füllen (wichtig: auf keinen Fall den Namen auf das Blatt schreiben).
Sammeln Sie alle Blätter ein, mischen Sie sie und teilen Sie sie verdeckt an die Schüler aus.
Fordern Sie die Schüler auf, im Klassenzimmer herumzugehen und die anderen Schüler zu befragen (z. B. „Wo wohnst du?", „Wie alt bist du?"). Wer herausgefunden hat, wem das Blatt, das er bekommen hat, gehört, schreibt den Namen des Besitzers darauf und gibt sein Blatt ab. Er bleibt aber weiterhin als Ansprechpartner im Raum. Das Spiel ist zu Ende, wenn alle Blätter abgegeben wurden.

Hinweis zur Differenzierung:

Für schwache Schüler bietet es sich an, das Detektivspiel gemeinsam im Kreis zu spielen. Der Reihe nach befragt ein Schüler einen anderen. Dies hat den Vorteil, dass die ungeübten Schüler die Fragen immer wieder von den anderen Schülern hören, bevor sie sie selbst sprechen müssen.

Ich mag …/… mag ich nicht

Thema:	Vorlieben und Abneigungen äußern
Voraussetzungen:	keine
Kompetenzerwartungen:	Die Schüler können eigene Vorlieben und Abneigungen äußern.
Benötigte Materialien:	pro Schüler eine Karte (ca. 5 cm x 3 cm)
Vorbereitung:	Schreiben Sie auf jede Karte etwas, das man mögen kann oder auch nicht (z. B. Erdbeereis, Fußball, Hunde usw.).

Spielanleitung:

Teilen Sie den Schülern die Karten aus. Alle gehen durch den Raum. Auf ein akustisches Signal von Ihnen sucht sich jeder einen Partner. Diesem stellt er seine Karte vor: „Ich mag Fußball." bzw. „Fußball mag ich nicht." Im Anschluss tauschen die Partner die Karten und gehen wieder durch den Raum, bis das nächste akustische Signal zu hören ist.

Hinweise zur Differenzierung:

- Schreiben Sie an die Tafel „Ich mag …" und „… mag ich nicht".
- Begleiten Sie schwächere Schüler bei den ersten Runden.
- Zeichnen Sie Bilder auf die Karten, die den benannten Gegenstand zeigen, sodass Schüler mit wenig Deutschkenntnissen eine Hilfe bekommen und gleichzeitig ihren Wortschatz erweitern.
- Fordern Sie stärkere Schüler auf, sich vertiefend über die Vorlieben und Abneigungen zu unterhalten.

Variation:

Teilen Sie den Schülern Blankokarten aus, die sie selbst gestalten können, indem sie etwas aufschreiben oder zeichnen, das sie gerne mögen.

Flaschendrehen: Vorlieben

Thema:	Vorlieben erfragen und formulieren
Voraussetzungen:	keine
Kompetenzerwartungen:	Die Schüler verstehen und sprechen die Phrasen „Was magst du?“ und „Ich mag …“ und können diese mit eigenen Beispielen variieren.
Benötigte Materialien:	eine leere Flasche
Vorbereitung:	keine

Spielanleitung:

Setzen Sie sich mit den Schülern in einen Kreis. Legen Sie die Flasche in die Mitte des Kreises. Stellen Sie die Frage „Was magst du?“ verbunden mit zwei Alternativen, z. B. „Was magst du? Cola oder Apfelsaft?“, und drehen Sie anschließend die Flasche. Hat sich die Flasche ausgedreht, zeigt sie auf einen Schüler. Der betreffende Schüler nimmt die Flasche in die Hand und beantwortet die Frage („Ich mag Cola.“ oder „Ich mag Apfelsaft.“ bzw. „Ich mag weder Cola noch Apfelsaft.“ oder „Ich mag beides.“). Im Anschluss stellt der Schüler eine Frage und dreht die Flasche.

Hinweis zur Differenzierung:

Halten Sie Gegenstände bereit oder zeigen Sie Abbildungen, z. B. von verschiedenen Sportarten, Schulbüchern, Musik-CDs, Stars usw.

Idee zur Weiterführung:

Fordern Sie die Schüler auf, Collagen zu erstellen mit Dingen, die sie mögen, und mit Dingen, die sie nicht mögen. Die Schüler malen die Dinge auf oder schneiden aus Zeitschriften und Werbeprospekten Bilder aus oder sie schreiben passende Begriffe auf. Dies kann in Einzel-, Partner- oder Gruppenarbeit geschehen. Anschließend können die Schüler ihre Collagen präsentieren.

Uno, due, tre – Zählwettbewerb

Thema:	in der Herkunftssprache zählen
Voraussetzungen:	keine
Kompetenzerwartungen:	Die Schüler können in verschiedenen Herkunftssprachen von 1 bis 10 zählen.
Benötigte Materialien:	Tafel, Kreide oder OHP-Folie, Stift, eine Stoppuhr bzw. eine Uhr mit Sekundenzeiger
Vorbereitung:	keine

Spielanleitung:

Schreiben Sie die Ziffern 1 bis 10 untereinander an die Tafel. Fordern Sie mehrere Schüler (maximal fünf auf einmal) auf, die Zahlwörter von eins bis zehn in ihrer Herkunftssprache danebenzuschreiben. Bitten Sie die jeweiligen Schüler, das Zählen in ihrer Sprache mit Ihnen und der Klasse einzuüben. Wenn dies einigermaßen gefestigt ist, beginnt der Zählwettbewerb.
Immer zwei Schüler spielen gegeneinander. Nacheinander müssen beide in derselben Herkunftssprache (die nicht die eigene sein darf!) zählen. Stoppen Sie jeweils, wie lange die Schüler dafür brauchen. Der Schüler, der schneller war, hat gewonnen.

Variation:

Schreiben Sie auf Lose die Herkunftssprachen. Lassen Sie die Schüler ein Los ziehen, sodass der Zufall bestimmt, in welcher Sprache gezählt wird.

Ich kann schwimmen

Thema:	Fähigkeiten benennen
Voraussetzungen:	keine
Kompetenzerwartungen:	Die Schüler kennen die Phrase „Ich kann/ kann nicht …".
Benötigte Materialien:	pro Schüler ein DIN-A5-Blankoblatt
Vorbereitung:	keine

Spielanleitung:

Verteilen Sie die Blätter und bitten Sie die Schüler, einen Kreis auszuschneiden und auf die eine Seite einen lachenden, auf die andere Seite einen weinenden Smiley zu malen.
Das Spiel wird im Plenum gespielt. Schreiben Sie an die Tafel „Lehrerpunkte" und „Klassenpunkte". Stellen Sie der Klasse eine Frage zu den Fähigkeiten der Schüler (z. B. „Wer kann schwimmen?"). Jeder Schüler beantwortet die Frage für sich, indem er den Smiley so hochhält, dass Sie die passende Seite sehen können (lachender Smiley = „Ich kann schwimmen."/weinender Smiley = „Ich kann nicht schwimmen."). Fordern Sie mehrere Schüler zum Sprechen auf („Ich kann schwimmen."/„Ich kann nicht schwimmen."). Zählen Sie anschließend die lachenden und die weinenden Smileys. Überwiegen die lachenden Smileys, bekommt die Klasse einen Punkt, überwiegen die weinenden Smileys, bekommen Sie einen Punkt. Bei einer Pattsituation bekommt keiner einen Punkt. Gewonnen hat, wer zuerst zehn Punkte hat.

Hinweis zur Differenzierung:

Um den Sprechanteil zu erhöhen, fordern Sie die Schüler auf, sich gegenüber ihrem rechten und ihrem linken Nachbarn zu äußern („Ich kann schwimmen."/ „Ich kann nicht schwimmen.").

Kimspiel

Thema:	Alltagsgegenstände benennen
Voraussetzungen:	Die Schüler kennen die Namen der verwendeten Gegenstände.
Kompetenzerwartungen:	Die Schüler festigen ihren Wortschatz.
Benötigte Materialien:	ca. acht bis zehn Gegenstände der Schüler
Vorbereitung:	keine

Spielanleitung:

Bitten Sie acht bis zehn Schüler um einen (persönlichen) Gegenstand, z. B. einen Stift, eine Packung Taschentücher, eine Uhr, eine Haarspange usw. Legen Sie die Gegenstände ausgebreitet und für alle gut sichtbar auf einen Tisch. Geben Sie den Schülern ca. 20 Sekunden, um sich alles einzuprägen. Bitten Sie die Schüler, die Augen zu schließen, und nehmen Sie ein bis drei Gegenstände weg.
Bitten Sie die Schüler, die Augen wieder zu öffnen, und fragen Sie, welche Gegenstände fehlen. Nehmen Sie einen Schüler dran. Kann dieser die fehlenden Gegenstände benennen, darf er zum Tisch gehen und in der nächsten Runde ein bis drei Gegenstände entfernen.

Variationen:

- Wählen Sie Gegenstände, die zu einem bestimmten Themenbereich gehören, z. B. Schulmaterialien, Lebensmittel, Kleidungsstücke.
- Spielen Sie das Spiel nicht mit Gegenständen, sondern mit Wortkarten, die per Magnet an die Tafel geheftet werden.

Puzzle: Verabredungen

Thema:	Verabredungen treffen
Voraussetzungen:	keine
Kompetenzerwartungen:	Die Schüler können einen Dialog in eine sinnvolle Reihenfolge bringen.
Benötigte Materialien:	pro Schülerpaar ein Arbeitsblatt (siehe Vorbereitung), ein Lösungsblatt
Vorbereitung:	Schreiben Sie in Tabellenform (Spalte 1: Name des Sprechers; Spalte 2: Text) einen kleinen Dialog, in dem sich zwei Schüler am Telefon miteinander verabreden (pro Aussage eine Zeile). Verwenden Sie dabei die folgenden Satzbausteine: „Kann ich bitte … sprechen?"/„Ist … zu Hause?"/ „Wollen wir …?" Das Blatt dient später als Lösung. Für das Arbeitsblatt werden nun die Dialogzeilen des Originaltextes vertauscht. Kopieren Sie das Arbeitsblatt so oft, dass jeweils ein Schülerpaar eine Kopie erhält.

Spielanleitung:

Die Schüler arbeiten in Partnerarbeit: Zunächst werden alle Dialogteile (Tabellenzeilen) ausgeschnitten und auf den Tisch gelegt. Gemeinsam wird der Dialog in die richtige Reihenfolge gebracht und auf ein Blatt geklebt. Die Schüler prüfen ihr Ergebnis mithilfe des Lösungsblatts. Dann lesen sie den Dialog mit verteilten Rollen.

Hinweis zur Differenzierung:

Schreiben Sie zwei verschiedene Dialoge in unterschiedlicher Länge und Komplexität.

Rollenspiel: Telefonieren

Thema:	Verabredungen treffen
Voraussetzungen:	Die Schüler kennen Phrasen wie „Hallo. Hier ist …", „Kann ich bitte … sprechen?", „Wollen wir …?".
Kompetenzerwartungen:	Die Schüler können einen realistischen Dialog vorspielen.
Benötigte Materialien:	pro Schülerpaar zwei identische Aufgabenkarten (siehe Vorbereitung)
Vorbereitung:	Bereiten Sie pro Schülerpaar eine Aufgabenkarte in doppelter Ausführung vor (z. B. „Verabredet euch um 15 Uhr zum Eisessen." „Verabredet euch um 19 Uhr, um ins Kino zu gehen.").

Spielanleitung:

Verteilen Sie die Aufgabenkarten an die Paare und geben Sie einen zeitlichen Rahmen von ca. 10 Minuten für die Entwicklung eines Rollenspiels vor. Die Paare erarbeiten jeweils ihr Rollenspiel und tragen es anschließend der Gruppe vor.

Hinweis zur Differenzierung:

Für stärkere Schülerpaare können Sie anspruchsvollere Arbeitsaufträge geben (z. B. Partner 1: Mache den Vorschlag, Eis essen zu gehen. Partner 2: Sage ab.).

Wer kann ...?

Thema:	Fähigkeiten erfragen und benennen
Voraussetzungen:	Die Schüler kennen die Phrasen „Wer kann ...?“ und „... kann ich gut“.
Kompetenzerwartungen:	Die Schüler können ihre Fähigkeiten realistisch einschätzen und diese versprachlichen.
Benötigte Materialien:	keine
Vorbereitung:	keine

Spielanleitung:

Schreiben Sie auf die linke Innenseite der Tafel „Ich kann sehr gut ...“, auf den mittleren Tafelteil „Ich kann einigermaßen gut ...“ und auf die rechte Innenseite „Ich kann schlecht/überhaupt nicht ...“.
Fragen Sie nun in jeder Runde nach, wer etwas kann (z. B. „Wer kann auf einem Bein hüpfen?“). Die Schüler überlegen kurz, wie sie ihre Fähigkeit einschätzen, und ordnen sich dann an der Tafel entsprechend in einer Linie an. Fordern Sie die Schüler anschließend auf, einen passenden Satz zu sagen (z. B. „Ich kann sehr gut auf einem Bein hüpfen.“) und dies unter Beweis zu stellen. Wenn Sie nur wenig Zeit zur Verfügung haben, können die Schüler auch gruppenweise sprechen und die entsprechende Übung vormachen.

Weitere mögliche Fragen:

- Wer kann schnell zählen?
- Wer kann viele Kniebeugen machen?
- Wer kann lange auf einem Bein stehen?
- Wer kann hoch springen?

Schneeballschlacht

Thema:	Wünsche und Hoffnungen formulieren
Voraussetzungen:	Die Schüler kennen die Phrase „Ich wünsche mir, dass …“.
Kompetenzerwartungen:	Die Schüler können ihre eigenen Wünsche äußern.
Benötigte Materialien:	pro Schüler ein Blankoblatt (ca. DIN A5), ein Stift
Vorbereitung:	keine

Spielanleitung:

Schreiben Sie den Satzanfang „Ich wünsche mir, dass …“ an die Tafel.
Verteilen Sie die Blätter und bitten Sie die Schüler, den Satzanfang mit drei verschiedenen Weiterführungen auf das Blatt zu schreiben.
Fordern Sie die Schüler anschließend auf, die Blätter zu einem (Schnee-)Ball zusammenzuknüllen. Teilen Sie die Klasse in zwei Gruppen, die sich mit ca. fünf Metern Abstand einander gegenüber aufstellen. Erklären Sie den Schülern, dass sie auf Ihr Startkommando ihre Schneebälle zu der anderen Gruppe werfen sollen und jeder anschließend einen Schneeball aufheben und auseinanderfalten soll.
Fordern Sie die Schüler auf, nacheinander die Wünsche auf den Schneeballzetteln vorzulesen und eine Vermutung anzustellen, wer sie aufgeschrieben haben könnte.

Hinweise zur Differenzierung:

- Für schwächere Schüler kann es ausreichen, wenn sie nur einen Wunsch formulieren bzw. wenn Sie an ihrer Stelle den Wunsch aufschreiben und vorlesen.
- Stärkere Schüler können ihren Wunsch zusätzlich begründen („Ich wünsche mir, dass …, weil …“).

Dort war es ...

Thema:	Erlebnisse berichten und Orte beschreiben
Voraussetzungen:	keine
Kompetenzerwartungen:	Die Schüler können anhand von Bildern über echte oder fiktive Erlebnisse berichten und die Orte, an denen die Erlebnisse stattfanden, passend beschreiben („Ich war ...", „Dort war es ...").
Benötigte Materialien:	fünf bis zehn Abbildungen
Vorbereitung:	Stellen Sie Abbildungen von verschiedenen Orten (z. B. Urlaubspostkarten, Reiseprospekte, Kinoplakate, Flyer eines Freizeitparks, Theater- oder Konzertkarten usw.) zusammen.

Spielanleitung:

Hängen Sie die Bilder an die Tafel. Beginnen Sie das Spiel, indem Sie sich für ein Bild entscheiden und den Schülern von Ihrem Erlebnis an diesem Ort berichten, ohne den Ort selbst zu benennen oder auf das entsprechende Bild zu zeigen („Dort, wo ich war, war es warm. Ich war mit meiner Familie zwei Wochen dort und wir lagen jeden Tag im Sand."). Die Schüler sehen sich die Bilder an und versuchen zu erraten, an welchem Ort Sie waren. Wer den richtigen Ort erraten hat, darf als Nächster von seinem Erlebnis berichten.

Hinweis zur Differenzierung:

Bei schwachen Lerngruppen kann es hilfreich sein, im Vorfeld zusammen zu jedem Bild passende Wörter zu suchen und diese unter der Abbildung zu notieren (z. B. Urlaubsfoto: Strand, heiß, Sonne, schwimmen usw.). Auch das gemeinsame Berichten von einem gemeinsamen Erlebnis kann als Vorübung hilfreich sein.

Variation:

Spielen Sie das Spiel in der beschriebenen Weise am Ende einer Stunde. Fordern Sie die Schüler auf, zur nächsten Stunde eigene Bilder von Orten, an denen sie schon einmal etwas Erzählenswertes erlebt haben, mitzubringen.

Schatzsuche: Schilder

Thema:	Gebots- und Verbotsschilder erkennen
Voraussetzungen:	keine
Kompetenzerwartungen:	Die Schüler kennen den Fundort und die Bedeutung von Gebots- und Verbotsschildern in der Schule und der Schulumgebung.
Benötigte Materialien:	fünf bis acht Abbildungen von Schildern, evtl. ein „Schatz" (z. B. Süßigkeiten)
Vorbereitung:	Suchen Sie das Schulhaus und die Schulumgebung nach Gebots- und Verbotsschildern ab. Zeichnen Sie die Schilder ab oder fotografieren Sie sie und schreiben Sie sich den jeweiligen Fundort auf. Erstellen Sie zu Hause einen Ablaufplan, in dem Sie die Reihenfolge der zu suchenden Fundorte festhalten – ähnlich wie beim bekannten Spiel „Schnitzeljagd".

Spielanleitung:

Erklären Sie den Schülern die Spielregeln. Geben Sie die Zeit (z. B. eine halbe Stunde) vor, in der die Schüler alle Gebots- und Verbotsschilder gefunden und alle Aufgaben gelöst haben müssen. Nennen Sie den Schülern die Anzahl der zu findenden Schilder (ca. fünf bis sieben). Geben Sie das Startkommando und zeigen Sie den Schülern das Bild bzw. Foto des ersten Schildes, das zu suchen ist. Geben Sie eine grobe Richtung vor, falls Sie davon ausgehen, dass die Schüler den Fundort nicht kennen (z. B. „Sucht im ersten Stock."). Die Schüler beraten sich und gehen dann mit Ihnen zusammen möglichst schnell zum Fundort des Schildes. Besprechen Sie mit den Schülern, was das Schild bedeutet, und zeigen Sie die Abbildung des zweiten zu suchenden Schildes. So geht es weiter, bis die Schüler alle Schilder gefunden haben. Geben Sie jeweils einen groben Hinweis auf den Fundort (evtl. auch in Rätselform). Stoppen Sie die Zeit, in der alle Schilder gefunden wurden. Verteilen Sie evtl. einen kleinen Schatz, wenn die Schüler alle Schilder innerhalb der vorgegebenen Zeit gefunden haben.

Pyramidenquiz: Länder

Thema:	Textinformationen verwerten
Voraussetzungen:	Die Schüler können Texte verstehen und Fragen und Antworten formulieren.
Kompetenzerwartungen:	Die Schüler entnehmen Informationen aus Texten und formulieren entsprechende Fragen und Antworten.
Benötigte Materialien:	pro Gruppe ein Text (siehe Vorbereitung) und sechs DIN-A4-Blankoblätter
Vorbereitung:	Kopieren Sie aus Kinderlexika kurze, leicht verständliche Sachtexte über verschiedene Länder.

Spielanleitung:

Skizzieren Sie an der Tafel das Bewertungsschema des Pyramiden-Spiels.

Punkte für die richtige Beantwortung von …

… schweren Fragen		300	
… mittelschweren Fragen	200		200
… einfachen Fragen	100	100	100

Verteilen Sie an jede Gruppe einen Text und sechs Blankoblätter. Fordern Sie die Schüler auf, den Text zu lesen und sich anschließend drei einfache Fragen, zwei mittelschwere Fragen und eine schwere Frage mit je zwei Antwortmöglichkeiten zu überlegen. Die Frage mit je zwei Antworten (einer richtigen und einer falschen) wird mit Bleistift auf ein Blankoblatt geschrieben. Auf der Rückseite wird die entsprechende Punktzahl notiert.
Hängen Sie alle 100er-Blätter nebeneinander in die unterste Pyramidenebene an die Tafel. Hängen Sie in die mittlere Ebene alle 200er-Blätter und ganz nach oben alle 300er-Blätter.

Spielen Sie das Spiel folgendermaßen:
Die Zusammensetzung der Gruppen bleibt wie in der Vorbereitungsphase. Rufen Sie die erste Gruppe auf. Diese wählt ein Blatt (keines, das sie selbst geschrieben hat!). Nehmen Sie das Blatt von der Tafel und lesen Sie die Frage sowie die beiden Antwortmöglichkeiten vor. Die Gruppe

Pyramidenquiz: Länder

darf sich kurz beraten und muss sich dann für eine Antwort entscheiden. Rät sie richtig, erhält sie dem Wert der Frage entsprechend 100, 200 oder 300 Punkte. Notieren Sie die Punkte jeder Gruppe an der Seitentafel. Danach kommt die nächste Gruppe dran. Wenn alle Fragen beantwortet wurden, werden die Punkte addiert. Die Gruppe mit den meisten Punkten hat gewonnen.

Hinweise zur Differenzierung:

Halten Sie auf einer Tipp-Karte Vorschläge für Fragen bereit (z. B. Frage nach der Hauptstadt, dem Aussehen der Flagge, besonderen geografischen Gegebenheiten, besonderen kulturellen Vorlieben). Bei leistungsheterogenen Gruppen können Sie durch die Länge der Informationstexte differenzieren und für schwache Gruppen Markierungen im Text vornehmen.

Variation:

Das Spiel kann auch mit den Herkunftsländern der Schüler gespielt werden. Dazu sind Informationstexte nicht nötig. Dies bietet sich an, wenn die Schüler entweder nicht so gut im Verstehen von Texten sind oder wenn Sie innerhalb Ihrer Lerngruppe kleinere Grüppchen von Schülern mit dem gleichen Herkunftsland haben.

Gefühlsgeschichte

Thema:	Gefühle bestimmten Situationen zuordnen
Voraussetzungen:	keine
Kompetenzerwartungen:	Die Schüler können verschiedene Gefühlszustände durch Mimik, Gestik und passende Ausrufe darstellen.
Benötigte Materialien:	die unten abgedruckte Geschichte
Vorbereitung:	keine

Spielanleitung:

Teilen Sie die Klasse in vier Gruppen ein. Ordnen Sie jeder Gruppe einen Gefühlszustand zu und besprechen Sie mit den Schülern, wie sie diesen Gefühlszustand darstellen sollen:

- fröhlich/glücklich: Die Schüler rufen begeistert „Ahhh!", setzen sich aufrecht hin und zeigen ein strahlendes Lächeln.
- traurig: Die Schüler sinken in sich zusammen, machen ein trauriges Gesicht und sagen betrübt „Ohh!".
- böse/gereizt: Die Schüler nehmen mit dem Körper eine aggressive Haltung ein (beugen sich angriffslustig nach vorne), verziehen das Gesicht/ziehen die Augen zu Schlitzen zusammen und schreien „Grrr!".
- überrascht: Die Schüler zucken zusammen, reißen die Augen auf und sagen laut „Uppps!".
- ahnungslos/ratlos: Die Schüler gucken verblüfft, ziehen die Achseln hoch und sagen „Waaaasss?".

Lesen Sie die folgende Geschichte vor. Immer wenn einer der Gefühlszustände beschrieben wird, müssen die betreffenden Schüler aufstehen und sich wie vereinbart verhalten.

Es lebte einmal vor langer Zeit eine schöne Prinzessin. Als Kind war sie immer fröhlich. Doch als ihre Mutter starb, wurde sie sehr traurig. Kurze Zeit später heiratete der König eine neue Frau. Die Prinzessin war überrascht. Doch als sie sah, dass ihr Vater glücklich war, konnte sie zunächst auch wieder fröhlich sein. Leider änderte sich das bald. Die neue Königin war äußerst böse. Der König merkte nichts. Er war völlig ahnungslos. Die böse Königin spielte ihm nämlich nur etwas vor. Wenn der König in der Nähe war, war sie fröhlich. Doch sobald er das Schloss

Gefühlsgeschichte

verließ, wurde sie böse. Die Prinzessin war ratlos. Sie wusste nicht, was sie machen sollte und wurde trauriger und trauriger. Eines Abends, als sie wieder traurig in ihrem Bett lag und weinte, kam der ahnungslose König herein. „Was ist denn mit dir los? Warum bist du denn so traurig?", fragte er. „Ach, die Königin ist so böse zu mir. Und du bist so ahnungslos und merkst das gar nicht", gestand die Prinzessin unter Tränen. „Da bin ich jetzt aber überrascht", meinte der König. „Die Königin ist doch immer so fröhlich. Und du sagst, dass sie böse ist? Da bin ich ratlos. Was machen wir denn jetzt?" Zusammen dachten sie sich einen Plan aus, um der bösen Königin eine Falle zu stellen. Die böse Königin fiel auf den Plan herein, denn sie war ja völlig ahnungslos, dass der König alles wusste. Schließlich musste die böse Königin das Schloss verlassen. Die Prinzessin war nicht mehr traurig und lebte glücklich mit dem König, bis ein Prinz kam und sie heiratete.

Lernfeld 2:
Lernen

Hinweise zu Grund- und Aufbaukurs

Grundkurs

Die Schüler erlernen Begriffe für Arbeitsmittel und wichtige Gegenstände, orientieren sich im Stundenplan und tauschen sich über Tätigkeiten in Schule und Freizeit aus. Sie können Nomen näher beschreiben.

Thema	Spielvorschlag	Seite
Das Schulhaus kennenlernen	Dalli klick	33
Arbeitsmittel umschreiben	Ich brauche ein Dingsbums	34
Wochentage und Ordinalzahlen kennenlernen	Stundenplan versenken	35
Schul- und Freizeitaktivitäten darstellen und umschreiben	Pantomime: Schul- und Freizeitaktivitäten	36
Wochentage benennen	Wochentage-Spiel	37
Wertungen äußern	Schön scheußlich	38
Gegenstände nach Farben ordnen	Farbensammler	39
Schulmaterialien in anderen Sprachen benennen	Gedächtnisspiel: Schulmaterialien	41
Nomen nach Genus unterscheiden	Artikelsuchsel auf Zeit	42
Fachsprache anwenden (Computer)	Bingo: Computersprache	43

Aufbaukurs

Hier geht es um Lerntechniken, den Umgang mit dem Computer, mit Büchern und Lexika sowie um das Verstehen von Anleitungen. Die Schüler wenden Begriffe aus dem Computerbereich an und sprechen über Lerntechniken.

Thema	Spielvorschlag	Seite
Anleitungen formulieren	Basteldiktat	45
Lerntechniken benennen	Rätsel: Lerntechniken	46
Die Stadtbücherei erkunden	Fotoquiz: Stadtbücherei	47
Informationsquellen benennen	Wer klatscht, gewinnt	48
Leseerfahrungen thematisieren	Ich lese am liebsten …	49
Nachschlagewerke nutzen	Bingo: Wörterbuch	50
Tabellen lesen, auswerten und selbst erstellen	Hitliste	51
Gebrauchsanweisungen und Bedienungsanleitungen verstehen	Puzzle: Gebrauchs-anweisungen	52

Dalli klick

Thema:	das Schulhaus kennenlernen
Voraussetzungen:	keine
Kompetenzerwartungen:	Die Schüler kennen die Bezeichnungen für verschiedene Orte im Schulhaus (z. B. Sekretariat, Hausmeisterbüro, Toiletten, Treppe usw.).
Benötigte Materialien:	eine Digitalkamera, OHP-Folien (auf die Fotos gedruckt bzw. kopiert werden), mehrere DIN-A4-Blankoblätter
Vorbereitung:	siehe Spielanleitung

Spielanleitung:

Gehen Sie mit den Schülern durch das Schulhaus. Bleiben Sie an wichtigen Orten stehen und besprechen Sie mit den Schülern, was es mit dem jeweiligen Ort auf sich hat.
Fotografieren Sie jeden besprochenen Ort (z. B. die entsprechende Tür inklusive Türschild). Kopieren Sie die Fotos auf Folie. Zerschneiden Sie ein DIN-A4-Blatt in fünf bis sechs große Puzzleteile (keine Streifen!).
Legen Sie – bei ausgeschaltetem OHP – zuerst eine Folie und danach die Puzzleteile auf den OHP, sodass das Foto auf der Folie komplett verdeckt ist. Entfernen Sie ein Puzzleteil. Geben Sie den Schülern Zeit, sich zu melden und zu sagen, um welchen Ort im Schulhaus es sich handelt. Nennt ein Schüler den richtigen Ort, bitten Sie ihn zu erklären, woran er den Ort erkannt hat und was man an dem Ort macht. Können die Schüler den Ort nicht erkennen, entfernen Sie ein zweites Puzzleteil. Dies geht so lange, bis ein Schüler den Ort erkennt.
Verfahren Sie so auch mit den anderen Fotos. Wichtig ist, dass die Schüler ins Gespräch kommen.

Hinweis zur Differenzierung:

Für schwächere Schüler kann es hilfreich sein, die Namen der gesuchten Orte zuvor an die Tafel zu schreiben, sodass sie dort nachgucken dürfen.

Ich brauche ein Dingsbums

Thema:	Arbeitsmittel umschreiben
Voraussetzungen:	Die Schüler kennen die Bezeichnungen für gängige Arbeitsmittel (Radiergummi, Bleistift, Füller, Patrone, Lineal, Kugelschreiber, (An-) Spitzer, Heft, Ordner/Mappe, Kleber/Klebstoff, Schere, Klebefilm).
Kompetenzerwartungen:	Die Schüler kennen die Phrase „Ich brauche …" und können Arbeitsmittel umschreiben.
Benötigte Materialien:	eine Liste mit Bezeichnungen für Arbeitsmittel oder ein Karton mit Arbeitsmitteln
Vorbereitung:	Listen Sie die unter „Voraussetzungen" genannten Gegenstände auf oder stellen Sie diese Gegenstände in einem Karton zusammen.

Spielanleitung:

Erklären Sie den Schülern das Spiel. Wählen Sie einen Schüler aus und bitten diesen, zu Ihnen zu kommen. Zeigen Sie ihm ein Wort auf der Liste bzw. ein Arbeitsmittel in der Kiste, das er beschreiben soll. Der Schüler stellt sich vor die Klasse und beschreibt das Arbeitsmittel (z. B. „Ich brauche ein Dingsbums, das rund und gelb ist. Mit ihm kann man zwei Dinge zusammenkleben." = Klebestift). Die übrigen Schüler dürfen ihre Vermutungen mit oder ohne Melden nennen. Derjenige Schüler, der das beschriebene Arbeitsmittel errät, darf als Nächster zu Ihnen kommen.

Hinweis zur Differenzierung:

Wiederholen Sie in schwachen Klassen die Bezeichnungen der Arbeitsmittel, bevor Sie das Spiel spielen. Für einzelne Schüler ist es sinnvoll, ein Blatt mit Bildern der Arbeitsmittel und den dazugehörigen Bezeichnungen vor sich zu haben, sodass sie, wenn sie unsicher sind, auf das Blatt gucken können.

Stundenplan versenken

Thema:	Wochentage und Ordinalzahlen kennenlernen
Voraussetzungen:	Die Schüler kennen die Wochentage, die Bezeichnungen der Schulfächer und die Ordinalzahlen im Zusammenhang mit den Schulstunden.
Kompetenzerwartungen:	Die Schüler können sich auf dem Stundenplanformular orientieren und Schulfächer und Stunden erfragen bzw. nennen.
Benötigte Materialien:	Tafel, Kreide und pro Schüler ein Arbeitsblatt
Vorbereitung:	Erstellen Sie ein Arbeitsblatt, bestehend aus zwei untereinander angeordneten Blanko-Stundenplänen, und kopieren Sie es in der entsprechenden Anzahl.

Spielanleitung:

Bitten Sie die Schüler, Ihnen die in der Klasse unterrichteten Schulfächer zu nennen, und schreiben Sie diese Begriffe untereinander an die Tafel. Fordern Sie die Schüler auf, das erste Stundenplanformular nach ihren Vorstellungen auszufüllen. Wichtig ist, dass jedes Schulfach mindestens einmal vorkommen muss und dass täglich von der ersten bis zur fünften Stunde unterrichtet wird. Außerdem sollten die Schüler einen Sichtschutz (z. B. Ranzen, Mäppchen) zum Nachbarn aufstellen.
Gespielt wird zu zweit wie bei dem Spiel „Schiffe versenken". Schüler 1 befragt Schüler 2 (z. B. „Ist am Montag Sport?", Schüler 2 antwortet: „Ja, am Montag ist in der dritten Stunde Sport." oder „Nein, am Montag ist kein Sport."). Hat Schüler 1 einen „Treffer" gelandet, trägt er in das zweite Stundenplanformular an der richtigen Stelle ein, welches Fach unterrichtet wird. Das Spiel ist beendet, wenn einer das zweite Stundenplanformular komplett ausgefüllt hat. Wichtig ist, dass anschließend verglichen wird, ob alles stimmt.

Hinweise zur Differenzierung:

- Schwächere Schüler füllen nur drei Stunden pro Schultag aus.
- Stärkere Schüler fragen konkreter nach („Ist am Montag in der dritten Stunde Sport?" – „Nein, am Montag ist in der dritten Stunde kein Sport.").

Pantomime: Schul- und Freizeitaktivitäten

Thema:	Schul- und Freizeitaktivitäten darstellen und umschreiben
Voraussetzungen:	Die Schüler kennen Verben für Tätigkeiten, die in Schule und Freizeit ausgeführt werden (z. B. Schule: schreiben, lesen, rechnen, malen, turnen, singen; Freizeit: skaten, Fußball spielen, ein Instrument spielen, Musik hören, joggen, fernsehen).
Kompetenzerwartungen:	Die Schüler können Tätigkeiten in Schule und Freizeit pantomimisch darstellen und mit Worten umschreiben.
Benötigte Materialien:	keine
Vorbereitung:	keine

Spielanleitung:

Erklären Sie die Regeln. Bitten Sie einen Schüler nach vorne. Der Schüler stellt eine Tätigkeit, die in der Schule oder der Freizeit ausgeführt wird, pantomimisch dar und spricht dazu (z. B. Der Schüler bewegt die Beine wie beim Inlineskaten und sagt: „Ich mache das in meiner Freizeit. Ich gehe dazu raus."). Die anderen Schüler melden sich, wenn sie eine Vermutung haben. Der spielende Schüler ruft die Schüler auf. Wer richtig geraten hat, darf als Nächster eine Tätigkeit vorspielen.

Hinweise zur Differenzierung:

- Als Unterstützung für schwächere Klassen bietet es sich an, im Vorfeld die Verben für die Tätigkeiten, die in der Schule und der Freizeit ausgeführt werden können, zu wiederholen. Es kann sinnvoll sein, dafür eine Liste bereitzuhalten und einzelnen Schülern jeweils ein Wort auf der Liste als Anregung zu zeigen.
- Stärkere Schüler sollen zuerst die Tätigkeit verbal beschreiben und dann eine Bewegung dazu ausführen.

Wochentage-Spiel

Thema:	Wochentage benennen
Voraussetzungen:	keine
Kompetenzerwartungen:	Die Schüler kennen die Namen und die Reihenfolge der Wochentage.
Benötigte Materialien:	Tafel und Kreide
Vorbereitung:	keine

Spielanleitung:

Schreiben Sie die Wochentage in der richtigen Reihenfolge untereinander oder nebeneinander an die Tafel. Stellen Sie sich mit den Schülern in einem Kreis auf. Beginnen Sie mit „Montag", der linke Nachbar sagt „Dienstag" usw. Der Schüler, der mit „Sonntag" dran ist, setzt sich auf den Boden. Spielen Sie so lange, bis nur noch ein Spieler steht.

Schön scheußlich

Thema:	Wertungen äußern
Voraussetzungen:	keine
Kompetenzerwartungen:	Die Schüler kennen die Bedeutung der wertenden Kommentare „toll" und „schrecklich". Sie können durch Unterstützung von Gesten, Mimik und Intonation ihre Wertung deutlich machen.
Benötigte Materialien:	keine
Vorbereitung:	keine

Spielanleitung:

Erklären Sie den Schülern die Spielregeln. Das Spiel ähnelt dem Spiel „Alle Vögel fliegen hoch". Die Lehrkraft macht eine Aussage (z. B. „Bei Regenwetter gehe ich gerne raus.", „Schokoladenpudding mit Vanillesoße esse ich gerne."). Die Schüler kommentieren die Aussage mit einem zustimmenden „Toll!" oder einem ablehnenden „Schrecklich!". Beide Aussagen können durch den Tonfall, eine passende Mimik und einen nach oben bzw. nach unten zeigenden Daumen in ihrer Aussagekraft unterstrichen werden. Falls nötig, sollten Sie die Schüler dazu auffordern, ruhig etwas zu übertreiben und ihre Emotionen deutlich zu zeigen. Sie können dies aber auch dadurch erreichen, dass Sie absurde, provokante Aussagen tätigen (z. B. „Schokoladenpudding mit Ketchup esse ich gerne.").

Farbensammler

Thema:	Gegenstände nach Farben ordnen
Voraussetzungen:	Die Schüler kennen die Namen der wichtigsten Farben (Rot, Grün, Blau, Gelb, Braun, Schwarz, Weiß).
Kompetenzerwartungen:	Die Schüler kennen Farben und Farbnuancen und sind in der Lage, Gegenstände nach Farben und weiteren Aspekten zu gruppieren.
Benötigte Materialien:	pro Gruppe ein Los (siehe Vorbereitung)
Vorbereitung:	Beschriften Sie Lose mit verschiedenen Farbbezeichnungen. Haben Sie viele Gruppen, wählen Sie neben den häufig vorkommenden Farben Rot, Blau, Gelb und Grün auch die Farben Schwarz, Weiß und Braun.

Spielanleitung:

Teilen Sie die Lerngruppe in mehrere Gruppen mit maximal vier Schülern auf. Lassen Sie jede Gruppe ein Los ziehen und dieses erst auf Ihr Startkommando hin öffnen. Dann haben die Gruppen drei Minuten Zeit, um Gegenstände in der auf dem Los stehenden Farbe zu suchen und auf einem Gruppentisch zu sammeln. Nach Ablauf der Zeit werden die Gegenstände gezählt, wobei mehrfach vorkommende Gegenstände nur einmal gezählt werden.
Die Gruppe, die die meisten Gegenstände gefunden hat, hat gewonnen. Fordern Sie nach dem Ermitteln des Gewinners die Gruppen auf, ihre Sammlung zu präsentieren. Achten Sie darauf, dass die Schüler in ganzen Sätzen sprechen, z. B. „Wir hatten die Farbe Rot. Wir haben rote Haarspangen, rote Schuhe usw. gefunden."

Hinweis zur Differenzierung:

Siehe Variation.

Variation:

Wenn es in Ihrem Klassenzimmer wenige Gegenstände gibt, müssen die Schüler auf eigene zurückgreifen. In diesem Fall kann es sinnvoll sein, die folgende Variation zu spielen: Die Schüler spielen auf Zeit, aber nicht als

Farbensammler

Gruppe, sondern als Einheit. Sie sind der Gegner und schließen mit den Schülern eine Wette ab: „Ich wette, dass ihr es nicht schafft, in den nächsten drei Minuten 20 blaue Gegenstände zu sammeln." Spielen Sie mehrere Runden mit jeweils einer Farbe.
Diese Variation eignet sich auch für schwache Klassen. Sie haben so die Möglichkeit, im Anschluss länger über eine einzelne Farbe zu sprechen, bevor Sie zur nächsten übergehen. Fordern Sie die Schüler auf, sich einen Gegenstand zu nehmen und ihn zu beschreiben: „Ich habe eine Banane. Sie ist gelb."

Weiterführende Ideen:

- Bitten Sie die Schüler, die gefundenen Gegenstände auf andere Weise zu sortieren, z. B. nach Größe oder Farbnuance (Hellrot, Dunkelrot, Weinrot, Himbeerrot usw.).
- Bitten Sie die Schüler, gleiche Gegenstände mit unterschiedlichen Farben zusammenzustellen und Gegenstände, die es nur in einer bestimmten Farbe gibt, davon abzugrenzen. Wichtig ist hier die Versprachlichung: „Bleistifte gibt es in allen Farben. Wir haben welche in Rot, Gelb und Blau gefunden." Oder „Bananen gibt es nur in Gelb."

Gedächtnisspiel: Schulmaterialien

Thema:	Schulmaterialien in anderen Sprachen benennen
Voraussetzungen:	keine
Kompetenzerwartungen:	Die Schüler kennen Wörter für Schulmaterialien in Deutsch und in anderen Sprachen.
Benötigte Materialien:	zwei DIN-A4-Blätter pro Schüler
Vorbereitung:	keine

Spielanleitung:

Das Spiel funktioniert nach der bekannten Spielform des Memory® und seinen Regeln. Fordern Sie die Schüler auf, Ihnen in ihrer Herkunftssprache Schulmaterialien zu nennen. Schreiben Sie jeweils den genannten Begriff und die deutsche Übersetzung nebeneinander an die Tafel. Sie sollten 16 Begriffspaare sammeln.
Verteilen Sie die Blankoblätter an die Schüler. Fordern Sie die Schüler auf, die beiden Blankoblätter je zweimal in der Länge und der Breite zu falten. Wieder auseinandergefaltet ist jedes Blatt in 16 Kästchen aufgeteilt. Pro Kästchen notieren die Schüler ein Begriffspaar. Beide Blätter werden auf dieselbe Weise beschriftet. Bitten Sie die Schüler, mit Bleistift zu schreiben (da dieser nicht durchscheint) und jedes Kästchen mit den eigenen Initialen zu versehen, um zu vermeiden, dass die Karten mit jenen des Nachbarn vertauscht werden. Lassen Sie die Schüler die Karten ausschneiden, sodass jeder einen Kartensatz mit 16 Begriffspaaren hat.
Fordern Sie die Schüler auf, mit einem Kartensatz zu zweit oder zu dritt das Gedächtnisspiel zu spielen und dabei die umgedrehten Karten laut vorzulesen.

Variation:

Wenn es schneller gehen soll, können Sie auf einer OHP-Folie 16 Kästchen vorzeichnen und die Begriffspaare anstatt auf die Tafel direkt auf die Folie schreiben. Diese kopieren Sie im Anschluss für jedes Schülerpaar zweimal, sodass jeder Schüler nur noch die 16 Kärtchen ausschneiden muss, bevor das eigentliche Spiel beginnt.

Artikelsuchsel auf Zeit

Thema:	Nomen nach Genus unterscheiden
Voraussetzungen:	keine
Kompetenzerwartungen:	Die Schüler können in einem Text Nomen erkennen und sie nach dem Genus unterscheiden.
Benötigte Materialien:	pro Schüler ein DIN-A4-Blatt Text (siehe Vorbereitung), pro Schüler drei Farbstifte in unterschiedlichen Farben
Vorbereitung:	Wählen Sie einen Text aus, der Inhalt spielt keine Rolle. Kopieren Sie diesen in der entsprechenden Anzahl und erstellen Sie für sich eine Lösungsseite: Markieren Sie in Blau alle männlichen, in Rot alle weiblichen und in Grün alle sächlichen Nomen. Notieren Sie die jeweilige Anzahl der Nomen.

Spielanleitung:

Schreiben Sie die Anzahl der männlichen, weiblichen und sächlichen Nomen an die Tafel. Teilen Sie die Schüler in Gruppen auf, verteilen Sie die Textblätter und geben Sie das Startkommando. Die Schüler lesen in der Gruppe den Text und markieren die Nomen je nach Genus in unterschiedlichen Farben. Zum Teil müssen die Schüler die Nomen erst in den Nominativ setzen, wenn sie das Genus nicht wissen. Die Gruppe, die als Erste die an der Tafel stehende Anzahl von Nomen ausfindig gemacht hat, ruft laut „Stopp“. Anschließend wird der Text Satz für Satz durchgegangen, wobei die Nomen mit ihrem Artikel im Nominativ benannt werden (z. B. im Text steht „dem Haus“ und der Schüler sagt: „‚Dem Haus‘ ist sächlich, weil es eigentlich ‚das Haus‘ heißt.“).

Hinweis zur Differenzierung:

Bei heterogenen Klassen können Sie unterschiedlich lange Texte geben.

Variation:

Statt vorzugeben, dass die schnellste Gruppe gewinnt, können Sie eine Zeitspanne vereinbaren und die Gruppe, die in dieser Zeit die meisten Nomen gefunden hat, zum Sieger küren.

Bingo: Computersprache

Thema:	Fachsprache anwenden (Computer)
Voraussetzungen:	Die Schüler kennen die 15 unten genannten Begriffe und deren Bedeutung.
Kompetenzerwartungen:	Die Schüler festigen ihren Wortschatz.
Benötigte Materialien:	Tafel, Kreide, eine Wortliste (siehe Vorbereitung)
Vorbereitung:	Kopieren Sie ggf. die folgende Wortliste.

15 Begriffsdefinitionen aus dem Computerbereich:

- hochfahren: das Betriebssystem des Computers einschalten
- downloaden: Daten herunterladen
- mailen: etwas per Computer verschicken
- Browser: Programm, das die Nutzung des Internets ermöglicht
- Cursor: Zeichen auf dem Computerbildschirm, das anzeigt, an welcher Stelle man gerade schreibt
- Enter-Taste: Eingabetaste
- Maus: Eingabegerät, das mit der Hand zu bewegen ist
- Google: eine bekannte Suchmaschine im Internet
- Amazon: ein bekannter Internetshop
- Homepage: Hauptseite eines Internetauftritts z. B. einer Firma oder eines Vereins
- herunterfahren: das Betriebssystem des Computers ausschalten
- Firewall: System, das den Computer vor fremden Zugriffen (z. B. Viren) schützt
- Mausklick: Auswählen oder Aktivieren eines Wortes, Bildes oder Ähnlichem auf dem Computerbildschirm durch das Drücken der Maustaste
- Doppelklick: zweifacher Mausklick
- www: Abkürzung für „worldwide web", über das Internet abrufbares System von Webseiten

Spielanleitung:

Zeichnen Sie ein Bingofeld an die Tafel (Tabelle mit drei Spalten und drei Zeilen). Bitten Sie die Schüler, das Bingofeld in ihr Heft oder auf ein Blatt zu übertragen. Die einzelnen Kästchen sollten so groß sein, dass jeweils ein Begriff hineingeschrieben werden kann.

Bingo: Computersprache

Schreiben Sie die oben genannten 15 Begriffe (ohne Definition) an die Tafel. Lesen Sie eine Definition vor und bitten Sie die Schüler, den passenden Begriff zu nennen. Geben Sie den Schülern einige Sekunden Zeit, um den Begriff abzuschreiben. Lesen Sie dann eine andere Definition vor. Die Schüler schreiben nur neun Begriffe auf. Jeder wählt selbst, welche Begriffe er aufschreibt bzw. nicht aufschreibt und in welches Kästchen welcher Begriff notiert wird.
Lesen Sie in einem zweiten Durchgang die Begriffe einzeln vor und bitten Sie die Schüler, sie zu definieren. Nach jeder Begriffsnennung gucken die Schüler auf ihrem Bingofeld nach, ob sie den Begriff aufgeschrieben haben, und kreuzen ihn an.
Wer als Erster ein Bingo (drei Kreuze in einer Reihe senkrecht, waagrecht oder diagonal) hat, ruft „Bingo" und kommt zu Ihnen.
Anschließend wird weitergespielt, bis der Erste zweimal Bingo hat bzw. bis der Erste alle neun Felder angekreuzt hat.

Hinweis zur Differenzierung:

Bei stärkeren Klassen ist es nicht nötig, die Begriffe an die Tafel zu schreiben.

Basteldiktat

Thema:	Anleitungen formulieren
Voraussetzungen:	Die Schüler kennen die Imperative „nimm“, „klebe“, „schneide“, „male … an“.
Kompetenzerwartungen:	Die Schüler können mündlich Anleitungen formulieren.
Benötigte Materialien:	ausreichend farbiges Papier, ausreichend unterschiedliche Farbstifte, pro Schüler eine Schere und eine Tube Klebstoff
Vorbereitung:	keine

Spielanleitung:

Erklären Sie die Spielregeln. Das Spiel wird zu zweit gespielt. Zwischen den Spielern steht ein Sichtschutz. In einer Vorbereitungsphase von ca. drei bis fünf Minuten bastelt jeder Schüler ein Bild. Er schneidet z. B. aus gelbem Papier einen Kreis aus und klebt diesen als Sonne auf. Er malt in Braun einen Stamm, in Grün eine Baumkrone und in Rot Äpfel in die Baumkrone. Wichtig ist, dass der Partner das Bild nicht sieht.

Das Spiel wird in zwei Runden gespielt. In der ersten Runde diktiert Partner A Partner B die Schritte, die Partner B ausführen soll, um das gleiche Bild zu erhalten, das Partner A gebastelt hat. Partner A sagt z. B. „Nimm gelbes Papier und schneide einen großen Kreis aus! Klebe den Kreis in die rechte obere Ecke auf deinem Blatt!“ usw.

In der zweiten Runde diktiert Partner B Partner A.

Am Ende werden die Bilder verglichen und die Schüler sprechen darüber, was anders ist, und finden Begründungen dafür (z. B. Größenunterschiede, ungenaue Angaben).

Hinweis zur Differenzierung:

Fertigen Sie für die schwachen Schüler ein Hilfe-Blatt an, auf dem Sie Begriffe wie „links oben“ oder „linke obere Ecke“ an der entsprechenden Stelle des Blattes notieren. Dieses Blatt sollte sowohl der diktierende als auch der ausführende Schüler zur Orientierung vor sich liegen haben.

Rätsel: Lerntechniken

Thema:	Lerntechniken benennen
Voraussetzungen:	Die Schüler kennen Verben und Ausdrücke für Lerntechniken im Bereich „Texte verstehen", in diesem Fall insbesondere Operatoren wie „markieren" oder „unterstreichen".
Kompetenzerwartungen:	Die Schüler festigen ihren Wortschatz zum Thema „Lerntechniken (Operatoren)".
Benötigte Materialien:	kleine Zettel (siehe Spielanleitung), mindestens so viele, wie Schüler anwesend sind
Vorbereitung:	keine

Spielanleitung:

Besprechen Sie mit der Lerngruppe, welche Lerntechniken bzw. Operatoren sie im Bereich „Texte verstehen" kennt, z. B. markieren, unterstreichen, erklären, definieren, nachschlagen, zusammenfassen, in eigenen Worten wiedergeben, Schlüsselbegriffe finden, Stichworte formulieren, Notizen machen. Schreiben Sie die Vorschläge der Schüler auf Zettel. Mischen Sie die Zettel und verteilen Sie diese an die Schüler.
Geben Sie den Schülern ein bis zwei Minuten Zeit, um sich eine Rätselbeschreibung zum Begriff auf ihrem Zettel auszudenken und evtl. auch aufzuschreiben, z. B. „Ich nehme einen farbigen, dicken Stift und male ein wichtiges Wort damit an." – Schülerantwort: „Du markierst."
Bitten Sie die Schüler nacheinander, ihre Rätselbeschreibungen vorzulesen, die anderen Schüler versuchen den gesuchten Begriff zu erraten.

Variation:

Sie können das Spiel auch im Doppelkreis spielen. Teilen Sie dazu die Klasse in zwei gleich große Hälften. Die eine Gruppe bildet den Innenkreis, die andere den Außenkreis. Bitten Sie die Schüler, sich gegenseitig ihre Rätselbeschreibungen vorzulesen bzw. diese zu erraten. Geben Sie nach ca. einer Minute ein akustisches Zeichen, woraufhin der Außenkreis im Uhrzeigersinn einen Schüler weiterrutscht.

Fotoquiz: Stadtbücherei

Thema:	die Stadtbücherei erkunden
Voraussetzungen:	Die Schüler kennen Wörter zum Thema Bücher und Bibliothek.
Kompetenzerwartungen:	Die Schüler festigen ihren Wortschatz rund um das Thema Bücher und Bibliothek.
Benötigte Materialien:	zwei bis drei Fotos (siehe Vorbereitung) pro Gruppe
Vorbereitung:	Fotografieren Sie in der Stadtbücherei einzelne Orte wie den Ausleihtresen, den Recherchecomputer oder das Zeitschriftenregal usw.

Spielanleitung:

Suchen Sie in der Stadtbücherei einen Platz wie die Garderobe, der als Treffpunkt dient. Teilen Sie die Schüler in Zweier- oder Dreiergruppen ein. Geben Sie jeder Gruppe zwei bis drei Fotos. Vereinbaren Sie eine Zeit (z. B. zehn Minuten), nach der Sie sich mit den Schülern wieder am Treffpunkt zusammenfinden, und schicken Sie die Schüler los. Die Schüler suchen die Orte, die auf ihren Fotos abgebildet sind, und schauen, was es mit den Orten auf sich hat. Gegebenenfalls erkundigen sie sich beim Büchereipersonal.
Die restliche Zeit nutzen sie, um sich in der Bücherei umzusehen.
Nach Ablauf der Zeit treffen Sie sich mit den Schülern und gehen gemeinsam alle Orte ab, die auf den Fotos waren. Bitten Sie die Schüler, die Orte auf ihren Fotos vorzustellen.

Variation:

Kopieren Sie alle Fotos verkleinert auf ein Arbeitsblatt. Anhand dieses Blattes suchen alle Schüler alle Orte auf und machen sich Notizen zum jeweiligen Ort. Der Vorteil besteht darin, dass sich die Schüler Notizen machen können, der Nachteil, dass es unruhig werden kann, weil alle überall hingehen.
Alternativ können Sie ein solches Arbeitsblatt auch im Anschluss im Klassenzimmer zur Wiederholung einsetzen.

Wer klatscht, gewinnt

Thema:	Informationsquellen benennen
Voraussetzungen:	Die Schüler kennen die Begriffe „Telefonbuch", „Wörterbuch", „Atlas", „Suchmaschine" und deren Bedeutung.
Kompetenzerwartungen:	Die Schüler können angeben, wo man Informationen zu bestimmten Themen findet. Sie können nach Informationen fragen.
Benötigte Materialien:	zwei Fliegenklatschen (alternativ können die Schüler auch einfach ihre Hand benutzen)
Vorbereitung:	keine

Spielanleitung:

Schreiben Sie die Begriffe „Telefonbuch", „Wörterbuch", „Atlas" und „Suchmaschine" groß untereinander an die Tafel.
Bitten Sie zwei Schüler nach vorne an die Tafel. Ein Schüler stellt sich links, ein Schüler rechts von den Begriffen auf.
Stellen Sie nacheinander jeweils eine Frage (z. B. „Wo finde ich Informationen zum örtlichen Pizzadienst?" oder: „Wo finde ich Informationen zum Thema Afrika?"). Die Schüler versuchen nun möglichst schnell, auf den richtigen Begriff zu klatschen. Wer dies als Erster richtig macht, erhält einen Punkt. Bitten Sie den jeweiligen Schüler dann, Ihnen in einem ganzen Satz zu antworten („Informationen zum örtlichen Pizzadienst finden Sie/findet man im Telefonbuch.").

Variation:

Sie können das Spiel anschließend oder alternativ in der Kleingruppe (drei Personen) spielen lassen. Dazu benötigen die Schüler ein DIN-A4-Blatt (noch besser ist ein DIN-A3-Blatt), auf dem die Begriffe wie an der Tafel untereinanderstehen. Jeweils zwei Schüler spielen gegeneinander, der dritte übernimmt die Rolle des Lehrers. Als Hilfestellung für schwache Schüler können Sie Kärtchen bereitstellen, auf denen mögliche Fragen stehen.

Ich lese am liebsten …

Thema:	Leseerfahrungen thematisieren
Voraussetzungen:	keine
Kompetenzerwartungen:	Die Schüler können sich zu ihren Lesevorlieben äußern.
Benötigte Materialien:	pro Schüler ein DIN-A5-Blankoblatt, ein Stoffbeutel bzw. eine Tüte oder Ähnliches
Vorbereitung:	keine

Spielanleitung:

Schreiben Sie Folgendes an die Tafel:

- Ich lese am liebsten Sachbücher/Jugendromane/Abenteuerromane/Liebesromane, weil …
- Momentan lese ich …
- Neulich habe ich … gelesen.

Verteilen Sie die Blankoblätter und bitten Sie die Schüler, die Sätze abzuschreiben und mit den eigenen Vorlieben zu ergänzen. Weisen Sie darauf hin, dass die Schüler ihren Namen nicht auf das Blatt schreiben dürfen. Bitten Sie die Schüler, ihr Blatt zusammenzufalten und in den Stoffbeutel zu stecken.
Lassen Sie jeden Schüler ein Blatt ziehen. Nacheinander lesen die Schüler vor, was auf dem jeweils gezogenen Blatt steht, und versuchen zu erraten, von wem das Blatt stammt.

Weiterführende Idee:

Bitten Sie die Schüler in der Folgestunde, die Bücher, die sie gerade lesen bzw. die sie bereits gelesen haben und gut finden, mitzubringen. Die Schüler können die Bücher vorstellen und evtl. etwas daraus vorlesen bzw. Ihnen zum Vorlesen geben.

Bingo: Wörterbuch

Thema:	Nachschlagewerke nutzen
Voraussetzungen:	Die Schüler kennen den Aufbau des Wörterbuches und können mit ihm umgehen.
Kompetenzerwartungen:	Die Schüler sind geübt im Umgang mit Wörterbüchern.
Benötigte Materialien:	pro Schüler ein Wörterbuch (es müssen die gleichen sein)
Vorbereitung:	Erstellen Sie eine Liste mit 15 Wörtern aus dem Wörterbuch, jeweils mit Angabe der Seite, auf der das Wort zu finden ist.

Spielanleitung:

Zeichnen Sie einen Bingoplan (drei große Spalten, drei große Zeilen) an die Tafel. Bitten Sie die Schüler, die Tabelle in ihr Heft oder auf ein Blatt zu übertragen. Weisen Sie darauf hin, dass die Kästchen so groß sein müssen, dass jeweils ein Wort und eine Seitenangabe hineingeschrieben werden können.
Lesen Sie nacheinander die 15 Wörter von Ihrer Liste vor. Machen Sie nach jedem Wort eine Pause, in der die Schüler das Wort aufschreiben können. Jeder Schüler schreibt nur neun der genannten Wörter in die Kästchen. Welche Wörter er auswählt und in welche Kästchen er sie jeweils schreibt, bleibt jedem Schüler überlassen. Geben Sie der Klasse anschließend fünf bis zehn Minuten Zeit, um im Wörterbuch nachzuschlagen und die Seitenangaben zu notieren.

Lesen Sie alle Wörter noch einmal vor. Machen Sie nach jedem Wort eine Pause, damit die Schüler das Wort gegebenenfalls auf ihrem Bingoplan ankreuzen können. Hat ein Schüler drei Wörter in einer Reihe (untereinander, nebeneinander oder diagonal) angekreuzt, ruft er laut „Bingo“. Bitten Sie ihn zu sich und vergleichen Sie, ob die Seitenangabe und die Schreibweise des Wortes richtig sind. Lesen Sie die Wörter dann weiter vor. Dann darf derjenige „Bingo“ rufen, der zwei Reihen angekreuzt hat. Vergleichen Sie wieder. Als Letztes darf derjenige „Bingo“ rufen, der alle neun Kästchen angekreuzt hat.

Hitliste

Thema: Tabellen lesen, auswerten und selbst erstellen
Voraussetzungen: keine
Kompetenzerwartungen: Die Schüler können Tabellen erstellen, füllen, lesen und auswerten.
Benötigte Materialien: pro Schüler ein DIN-A4-Blankoblatt
Vorbereitung: keine

Spielanleitung:

Verteilen Sie die Blätter an die Schüler. Fordern Sie die Schüler auf, eine Tabelle mit vier Spalten und elf Zeilen anzulegen. Jeder Schüler soll sich nun ein Thema ausdenken, zu dem er andere befragt (z. B. „Lieblingsessen", „Lieblingssportart" usw.). Schreiben Sie die folgenden Fragen an die Tafel:

- Was … du am liebsten?
- Was … du am zweitliebsten?
- Was magst du überhaupt nicht?

Bitten Sie die Schüler, diese Fragen, abgewandelt auf ihr jeweiliges Thema, in die erste Zeile (also jeweils als Überschrift für die Spalten) zu schreiben. In die erste Spalte kommt der Name der jeweils befragten Person.

	Was isst du am liebsten?	**Was isst du am zweitliebsten?**	**Was magst du überhaupt nicht?**
Tim	Pfannkuchen	Spaghetti	Blumenkohl
usw.			

Geben Sie den Schülern ca. 15 Minuten Zeit, um im Klassenzimmer herumzugehen und 10 Klassenkameraden zu befragen. Anschließend benötigen die Schüler außerdem ca. 5 Minuten, um ihre Tabelle auszuwerten. Fordern Sie die Schüler nun auf, ihre Ergebnisse vorzustellen (z. B. „Vier von zehn Schülern essen am liebsten Pfannkuchen. Sieben von zehn Schülern mögen keinen Spinat.").

Hinweis zur Differenzierung:

Geben Sie für schwache Schüler das Thema vor oder begrenzen Sie die Anzahl der zu befragenden Schüler auf fünf.

Puzzle: Gebrauchsanweisungen

Thema:	Gebrauchsanweisungen und Bedienungsanleitungen verstehen
Voraussetzungen:	Die Schüler verfügen über gute Lesekenntnisse und kennen, falls nötig, bestimmte in Gebrauchsanweisungen und Bedienungsanleitungen benutzte Fachbegriffe.
Kompetenzerwartungen:	Die Schüler können Gebrauchsanweisungen und Bedienungsanleitungen verstehen.
Benötigte Materialien:	Kopien von Gebrauchsanweisungen und Bedienungsanleitungen, Briefumschläge
Vorbereitung:	Kopieren Sie für jede Gruppe eine einfache Gebrauchsanweisung oder Bedienungsanleitung in doppelter Ausführung. Schneiden Sie eine Kopie in Einzelteile (z. B. Abschnitte). Falls Zahlen vor den einzelnen Schritten angegeben sind, schneiden Sie diese weg oder übermalen Sie sie, sodass man sie nicht mehr erkennen kann. Stecken Sie die Einzelteile (Puzzleteile) in einen Umschlag. Behalten Sie die zweite Kopie als Lösung, die sich die Gruppen zum Vergleich abholen können, sobald sie fertig sind.

Spielanleitung:

Gespielt wird in Zweier-, Dreier- oder Vierergruppen. Geben Sie jeder Gruppe einen Briefumschlag mit Puzzleteilen. Die Gruppenmitglieder versuchen gemeinsam, die Anleitung richtig zusammenzusetzen. Ist die Gruppe fertig, holt sie sich die Lösungskopie und vergleicht ihr Ergebnis damit.

Hinweis zur Differenzierung:

Je nach Leistungsstärke der Gruppen können Sie differenzieren, indem Sie kürzere bzw. längere, einfachere bzw. schwierigere Texte wählen und evtl. vorhandene Bildmaterialien (Anleitung in Bildern) zur Verfügung stellen.

Lernfeld 3:

Sich orientieren

Hinweise zu Grund- und Aufbaukurs

Grundkurs

In diesem Lernfeld geht es um die Orientierung in Zeit und Raum im Alltag der Schüler. Sie erfragen Daten, Orte und Abfahrtszeiten und beschäftigen sich intensiv mit dem Thema „Einkaufen".

Thema	**Spielvorschlag**	**Seite**
Ortsangaben machen	Ich suche …	55
Waren und Geschäfte benennen	Wo gibt es …?	57
Preise recherchieren	Supermarktrallye	58
Preisangaben formulieren	Der Preis ist heiß	59
Einkaufsgespräche führen	Rollenspiel: Einkaufen	60
Ortsangaben machen	Stadtplansuche	61
Zeitangaben machen	Doppelkreismatch: Wann fährt der Bus?	62
Daten und Zeitpunkte angeben	Happy Birthday – Line-up	63
Terminpläne verstehen	Wann ist Training?	64

Aufbaukurs

Hier äußern sich die Schüler zu ihren Berufswünschen, tauschen sich zum Thema „Film und Fernsehen" aus und vergleichen die Vergangenheit mit der Gegenwart und der Zukunft. Sie orientieren sich räumlich und wenden Fachbegriffe aus dem Atlas korrekt an. Sie lernen Phrasen kennen, um eigene Ansichten darzustellen.

Thema	**Spielvorschlag**	**Seite**
Berufe beschreiben und darstellen	Quiz: Wunschberuf	65
Ereignisse zeitlich einordnen	Kartenspiel: Gestern, heute, morgen	66
Filme und Fernsehsendungen beschreiben	Filme raten	67
Argumente anführen	Diskussionsfight	68
Fachsprache anwenden (Geografie)	Quiz: Atlas	69
Fahrpläne verstehen	Busplanmatch	70
Ereignisse zeitlich einordnen	Schwarzer Peter: Gestern und heute	71
Fachsprache vertiefen (Medien)	Quiz: Medien	72

Ich suche ...

Thema:	Ortsangaben machen
Voraussetzungen:	keine
Kompetenzerwartungen:	Die Schüler können nach einem Ort fragen („Ich suche …“, „Wo finde ich …?“) und jemand anderem den Weg bzw. die Lage eines Ortes beschreiben.
Benötigte Materialien:	drei bis vier Wimmelbilder
Vorbereitung:	Stellen Sie Wimmelbilder von unterschiedlichen Orten zusammen. Wimmelbilderbücher findet man z. B. in der Stadtbücherei bei den Bilderbüchern und bei Englischbüchern für Anfänger.

Spielanleitung:

Stellen oder hängen Sie ein Wimmelbild auf. Bitten Sie die Schüler, einen Halbkreis zu bilden, sodass jeder eine gute Sicht auf das Wimmelbild hat. Beginnen Sie mit dem Spiel. Wenn möglich, können Sie mit einem Magneten, den Sie anheften, Ihren Standpunkt verdeutlichen. Nun sagen Sie z. B. „Ich stehe an der Brücke und suche den Marktplatz." Oder: „Ich stehe an der Brücke. Wo finde ich Bananen?". Bitten Sie die Schüler, Ihnen die Lage des Ortes oder den Weg dorthin zu beschreiben.
Derjenige Schüler, der Ihnen die Lage oder den Weg beschrieben hat, darf nun einen Suchauftrag stellen.

Hinweis: Neben den Ortsangaben können Sie gleichzeitig den Wortschatz zu einem bestimmten Thema (z. B. in der Schule, beim Einkaufen, in der Stadt) festigen, indem Sie ein passendes Wimmelbild auswählen.

Hinweis zur Differenzierung:

Wiederholen Sie im Vorfeld

- Richtungswörter wie „nach links“, „nach rechts“, „nach oben“, „nach unten“, „geradeaus“,
- Verben wie „abbiegen“, „überqueren“ und
- Nomen wie „Ecke“, „Kurve“, „Kreuzung“.

Ich suche ...

Wenn nötig schreiben Sie diese mit einer erklärenden Zeichnung an die Tafel, sodass die Schüler dort abgucken können, wenn ihnen die Worte fehlen.

Variation:

Lassen Sie die Ortsmarkierung auf dem Bild wandern. Schreiben Sie zuvor einzelne Stationen auf Kärtchen und verteilen Sie die Kärtchen an die Schüler. Der Reihe nach werden nun die Stationen aufgesucht und der Magnet jeweils zur nächsten Station geschoben.

Tipp: Wenn Sie nicht die Möglichkeit haben, mit Magneten zu arbeiten, können Sie die Bilder laminieren bzw. in eine Folie stecken und mit Klebepunkten arbeiten, die immer wieder abgezogen werden.

Wo gibt es …?

Thema:	Waren und Geschäfte benennen
Voraussetzungen:	Die Schüler kennen die Phrase „Wo gibt es …?" und Bezeichnungen verschiedener Geschäfte.
Kompetenzerwartungen:	Die Schüler können benennen, in welchen Geschäften welche Waren eingekauft werden können.
Benötigte Materialien:	evtl. zwei Fliegenklatschen
Vorbereitung:	keine

Spielanleitung:

Schreiben Sie untereinander an die Tafel folgende Begriffe: Supermarkt, Kaufhaus, Apotheke, Fleischerei, Bäckerei, Drogerie.
Wählen Sie zwei Schüler aus, die sich rechts und links von den Begriffen aufstellen. Geben Sie ihnen je eine Fliegenklatsche in die Hand. Formulieren Sie eine Frage oder bitten Sie einen Schüler zu fragen (z. B. „Wo gibt es Kopfschmerztabletten?"). Die Spieler klatschen möglichst schnell mit der Fliegenklatsche auf den richtigen Begriff („Apotheke"). Der Schüler, der schneller ist, bekommt einen Punkt. Fordern Sie die Schüler auf, Ihnen in einem ganzen Satz zu antworten („Kopfschmerztabletten gibt es in der Apotheke."). Bei manchen Waren sind mehrere Antworten richtig, es punktet die schnellste.

Variationen:

- Sie können das Spiel auch mit zwei Gruppen spielen, die sich der Reihe nach aufstellen. Die jeweils vordersten Schüler spielen gegeneinander und holen Punkte für die Mannschaft. Lassen Sie immer drei Fragen lang spielen, bevor die nächsten Schüler drankommen.
- Sie können das Spiel in Dreiergruppen spielen. Diese schreiben die Begriffe untereinander und legen das Blatt auf den Tisch. Zwei Schüler spielen gegeneinander, der dritte stellt die Fragen. Es werden jeweils zehn Fragen gestellt und die Punkte gezählt. In der ersten Runde spielen Schüler A und Schüler B, in der zweiten Runde A und C, in der dritten Runde B und C gegeneinander. Wer am Ende die meisten Punkte hat, hat gewonnen. Geklatscht wird mit der Hand.

Supermarktrallye

Thema:	Preise recherchieren
Voraussetzungen:	keine
Kompetenzerwartungen:	Die Schüler finden sich im Supermarkt zurecht und können Preise recherchieren.
Benötigte Materialien:	pro Gruppe ein Fragebogen (siehe Vorbereitung), ein Stift und möglichst eine Schreibunterlage
Vorbereitung:	Gehen Sie in einen Supermarkt in der Nähe Ihrer Schule. Informieren Sie den Marktleiter darüber, wann Sie mit Ihren Schülern die Supermarktrallye durchführen. Machen Sie sich Notizen, aus denen Sie später einen Fragebogen entwickeln können. Ganz wichtig: Notieren Sie sich auch die jeweiligen Antworten! Erstellen Sie einen Fragebogen mit ca. zehn Fragen (z. B. Welche Butter ist die teuerste? Wie teuer ist ein Kilo Bananen? Welches Brötchen ist das billigste – wie heißt es und wie viel kostet es? usw.).

Spielanleitung:

Gehen Sie mit den Schülern in den Supermarkt. Weisen Sie sie auf ein angemessenes Verhalten hin und erklären Sie die Spielregeln. Teilen Sie die Schüler in Gruppen ein und verteilen Sie die benötigten Materialien (Fragebogen, Stift, Schreibunterlage). Geben Sie das Startkommando. Die Schüler gehen (!) möglichst schnell durch den Supermarkt und beantworten die Fragen. Gruppen, die fertig sind, kehren zu Ihnen zurück.
Vergleichen Sie anschließend die Ergebnisse. Fordern Sie die Schüler auf, die Fragen vorzulesen und die Antworten in ganzen Sätzen zu formulieren. Für jede richtige Antwort gibt es einen Punkt, zusätzlich gibt es Punkte je nach Ankunft bei Ihnen (bei fünf Gruppen bekommt die schnellste Gruppe 5 Punkte, die zweitschnellste 4 Punkte usw.). Gewonnen hat am Ende die Gruppe mit den meisten Punkten.

Der Preis ist heiß

Thema:	Preisangaben formulieren
Voraussetzungen:	keine
Kompetenzerwartungen:	Die Schüler können Preisangaben korrekt formulieren.
Benötigte Materialien:	20 bis 25 Spielkarten
Vorbereitung:	Basteln Sie aus 20 bis 25 Bögen Tonpapier in DIN A5 und Prospekten von Supermärkten Spielkarten. Schneiden Sie dazu aus zwei gleichen Prospekten dasselbe Sonderangebot aus und kleben Sie es mit Preisangabe auf die Vorderseite eines Tonpapierbogens und einmal ohne Preisangabe auf die Rückseite. Verfahren Sie so, bis Sie alle Tonpapierblätter beklebt haben.

Spielanleitung:

Teilen Sie die Klasse in zwei Mannschaften. Wählen Sie aus jeder Mannschaft einen Schüler aus und bitten Sie beide nach vorne zu Ihnen. Zeigen Sie den Schülern zunächst das Produkt ohne Preisangabe. Fordern Sie beide Schüler auf, eine Preisangabe zu formulieren (z. B. „Ich schätze, dass ein Kilo Bananen einen Euro und fünfzig Cent kostet."), und schreiben Sie die genannten Beträge an die Tafel. Drehen Sie dann die Karte um. Der Schüler, der näher am wirklichen Preis dran war, erhält für seine Mannschaft einen Punkt. Gewonnen hat am Ende, wenn alle Karten gespielt wurden, die Mannschaft, die mehr Punkte hat.

Hinweis zur Differenzierung:

Für Leistungsschwächere können Sie auch je zwei Preisangaben vorgeben, deren Aussprache Sie mit den Schülern üben. Die Schüler sprechen die Preisangaben nach und entscheiden sich dann für eine der beiden. Wenn beide Schüler dieselbe Preisangabe wählen, die richtig ist, bekommen beide Mannschaften einen Punkt.

Rollenspiel: Einkaufen

Thema:	Einkaufsgespräche führen
Voraussetzungen:	Die Schüler kennen die auf einem Marktstand angebotenen Waren.
Kompetenzerwartungen:	Die Schüler können sich in einem Rollenspiel als Kunde oder Käufer verständlich artikulieren.
Benötigte Materialien:	Kaufmannsladensachen (Obst, Originalverpackungen in Miniformat usw.) oder Realien (Äpfel, Marmeladengläser, Senftuben, Duschgel usw.) sowie Preisschilder oder Preisaufkleber; pro Gruppe ca. drei Blätter in DIN A5
Vorbereitung:	Bauen Sie die Kaufmannsladensachen bzw. Realien auf einem Tisch gut sichtbar auf und kennzeichnen Sie die Waren mit Preisschildern oder mit Preisaufklebern.

Spielanleitung:

Bitten Sie die Schüler, sich den Marktstand anzusehen und die Waren zu benennen.

Fordern Sie die Schüler auf, sich zu Paaren zusammenzufinden. Verteilen Sie die Blankoblätter an die Paare und bitten Sie sie, einen Auftrag aufzuschreiben (z. B. „Kaufe fünf Äpfel und ein Duschgel.“). Sammeln Sie die Aufträge ein und mischen Sie sie.

Wählen Sie ein Paar aus und lassen Sie es einen Auftrag ziehen und ihn im Rollenspiel vorspielen. Die anderen müssen sich merken, was gekauft wurde. Vergleichen Sie anschließend, ob der Auftrag richtig ausgeführt wurde, indem Sie die Klasse fragen, was gekauft wurde und anschließend den Auftrag vorlesen.

Spielen Sie so lange, bis jedes Paar seinen Auftrag erfüllt hat.

Variation:

Wenn Sie während des Unterrichts wenig Zeit für das Rollenspiel haben, sollten Sie die Aufträge selbst formulieren und im Vorfeld aufschreiben.

Stadtplansuche

Thema: Ortsangaben machen
Voraussetzungen: keine
Kompetenzerwartungen: Die Schüler können nach Orten fragen (z. B. „Wo ist …?"), sich auf einem Stadtplan zurechtfinden und eine Auskunft geben.
Benötigte Materialien: pro Gruppe ein Stadtplan und zehn Karten
Vorbereitung: Wählen Sie einen passenden Stadtplan oder Ausschnitt daraus, am besten den vom Schulstandort, und kopieren Sie ihn für jede Gruppe auf DIN A2. Beschriften Sie für jede Gruppe zehn Kärtchen mit dem Namen eines Gebäudes, eines Platzes, eines Ortes, den die Schüler erfragen und finden sollen, möglichst mit Koordinaten (z. B. Bahnhof E1, Sportplatz D4).

Spielanleitung:

Verteilen Sie die Materialien an die Gruppen.
Der Stadtplan liegt in der Mitte für jeden gut sichtbar und die Karten liegen als verdeckter Stapel daneben. Der erste Spieler zieht die oberste Karte, wendet sich an seinen linken Nachbarn und formuliert ausgehend von dem Wort auf der Karte eine Frage, z. B. „Wo ist der Bahnhof?" Der linke Nachbar sucht den Bahnhof auf dem Stadtplan und antwortet z. B. „Der Bahnhof ist im Norden der Stadt." Oder: „Der Bahnhof ist im Quadrat A3."

Hinweis zur Differenzierung:

Wählen Sie für schwächere Schüler einen kleineren Ausschnitt.

Variationen:

- Nachdem eine Karte vom Stapel gezogen und vorgelesen wurde, versuchen alle, möglichst schnell den Ort zu finden. Wer ihn als Erster gefunden hat, bekommt die Karte. Am Ende hat derjenige gewonnen, der die meisten Karten besitzt.
- Die Karten können auch in den Gruppen geschrieben bzw. von den Gruppen ergänzt werden. Das Spiel bietet sich dann z. B. als Freiarbeitsmaterial an.

Doppelkreismatch: Wann fährt der Bus?

Thema:	Zeitangaben machen
Voraussetzungen:	keine
Kompetenzerwartungen:	Die Schüler können einen Busfahrplan lesen und passende Fragen („Wann fährt …?") und Antworten formulieren.
Benötigte Materialien:	pro Schüler ein Busfahrplan, der Haltestellen und Uhrzeiten beinhaltet
Vorbereitung:	Kopieren Sie einen Busfahrplan, der Haltestellen und Uhrzeiten beinhaltet, in der nötigen Anzahl.

Spielanleitung:

Verteilen Sie die Busfahrpläne und erklären Sie, wie man sie liest.
Lassen Sie die Schüler auf zwei durchzählen (Schüler 1: „eins", Schüler 2: „zwei", Schüler 3: „eins", Schüler 4: „zwei" usw.). Alle „Einser" bilden einen Innenkreis, alle „Zweier" einen Außenkreis. Innen- und Außenkreis schauen sich an, jeder hat einen Partner. Alle Schüler halten die Busfahrpläne in der Hand. Fordern Sie die Schüler auf, sich gegenseitig Fragen zu stellen, z. B. „Ich fahre um 7.03 Uhr ab und steige an der dritten Haltestelle aus. Wann und wo steige ich aus?" Der Innenkreis beginnt mit der Frage, der Außenkreis antwortet. Dann wird gewechselt. Geben Sie nach ca. zwei Minuten ein akustisches Signal und fordern Sie den Außenkreis auf – im Uhrzeigersinn. Lassen Sie zwei- bis dreimal die Partner wechseln.

Hinweis zur Differenzierung:

Um zu differenzieren, bietet sich das Spielen in Kleingruppen an. Während sich die leistungsstärkeren Gruppen eigene Fragen ausdenken, können Sie für die leistungsschwächeren Gruppen Haltestellen auf dem Fahrplan markieren. Die Schüler fragen dann jeweils nur nach den markierten Haltestellen.

Variation:

Sie können das Spiel auch frontal mit allen Schülern spielen. Dazu ist es sinnvoll, den Fahrplan auf Folie zu kopieren und gemeinsam an der Folie den Verlauf der Busfahrt nachzuvollziehen.

Happy Birthday – Line-up

Thema:	Daten und Zeitpunkte angeben
Voraussetzungen:	Die Schüler kennen Uhrzeiten sowie die Namen und die Reihenfolge der Monate.
Kompetenzerwartungen:	Die Schüler können nach Zeitangaben fragen und Zeitangaben in Sätzen ausdrücken.
Benötigte Materialien:	keine
Vorbereitung:	keine

Spielanleitung:

Erklären Sie den Schülern die Spielregeln. Ein Schüler bekommt die Aufgabe, die anderen Schüler nach einer Zeitangabe (z. B. dem Geburtstag oder der Frühstückszeit) zu befragen und sie dann in der passenden Reihenfolge nebeneinander vor der Tafel aufzustellen. Die Schüler können z. B. geordnet werden nach

- Geburtstag („Wann hast du Geburtstag?" – „Ich habe am 9. Januar Geburtstag.")
- Aufstehzeit („Wann bist du heute Morgen aufgestanden?" – „Ich bin um 6.15 Uhr aufgestanden.")
- Zubettgehzeit („Wann gehst du normalerweise ins Bett?" „Wann bist du gestern Abend ins Bett gegangen?" – „Ich gehe normalerweise um 22 Uhr ins Bett."/„Ich bin gestern um 22 Uhr ins Bett gegangen.")
- Ankunft in Deutschland („Seit wann bist du in Deutschland?" – „Ich bin seit zwei Jahren in Deutschland."/„Ich bin seit meiner Geburt – also seit 13 Jahren – in Deutschland.")

usw.

Haben mehrere Schüler dieselbe Zeitangabe gemacht, werden sie hintereinander statt nebeneinander aufgestellt.

Weiterführende Idee:

Basteln Sie mit den Schülern einen Geburtstagskalender: Jeder Schüler bringt ein Foto von sich mit oder malt ein Bild von sich. Die Bilder werden auf farbige DIN-A4-Blätter geklebt und mit dem Namen und dem Geburtsdatum versehen. Anschließend werden die Blätter der Reihenfolge nach geordnet und mit Wäscheklammern an eine Schnur oder an die Wand gehängt.

Wann ist Training?

Thema:	Terminpläne verstehen
Voraussetzungen:	Die Schüler können einem Trainingsplan Informationen entnehmen, sie können eine Tabelle lesen.
Kompetenzerwartungen:	Die Schüler können Fragen nach einer Zeitangabe stellen und beantworten.
Benötigte Materialien:	pro Schüler ein Trainingsplan
Vorbereitung:	Kopieren Sie den Trainingsplan eines örtlichen Sportvereins in der nötigen Anzahl.

Spielanleitung:

Besprechen Sie mit den Schülern, wie man den Trainingsplan liest.
Bitten Sie alle Schüler, sich auf ihre Tische zu setzen. Wählen Sie einen Schüler aus, der beginnt und einen Partner benennt. Stellen Sie diesen beiden Schülern eine Frage nach einer Trainingszeit (z. B. „Wann findet das Volleyballtraining für die Mädchen statt?"). Beide Schüler suchen möglichst schnell die Antwort aus dem Trainingsplan heraus und nennen sie. Derjenige, der dies zuerst schafft, darf sitzen bleiben und sich einen neuen Partner aussuchen. Der Verlierer des Duells setzt sich auf seinen Stuhl zurück. Das Spiel ist zu Ende, wenn nur noch ein Schüler auf dem Tisch sitzt. Einen Gewinner gibt es nicht.

Hinweis zur Differenzierung:

Je nachdem, welche Schüler gerade gegeneinander spielen, können Sie leichtere oder schwierigere Fragen stellen. Für schwächere Schüler bietet es sich außerdem an, auf dem Trainingsplan einzelne Sportarten farblich zu kennzeichnen und dann nur nach diesen zu fragen.

Variation:

Möchten Sie ein Spiel mit Gewinner spielen, müssen die Schüler mitzählen, gegen wie viele andere Schüler sie gewonnen haben. Notieren Sie dies eventuell an der Tafel, falls die Schüler es sich nicht merken können.
Derjenige Schüler, der dann die meisten Gegner geschlagen hat, hat gewonnen.

Quiz: Wunschberuf

Thema:	Berufe beschreiben und darstellen
Voraussetzungen:	keine
Kompetenzerwartungen:	Die Schüler können Aussagen über ihren Wunschberuf schriftlich formulieren.
Benötigte Materialien:	pro Schüler ein Blankoblatt und ein Stift
Vorbereitung:	keine

Spielanleitung:

Bitten Sie die Schüler, sich zu Ihrem Wunschberuf Gedanken zu machen und mehrere Sätze schriftlich zu formulieren, sodass sie ihren Traumberuf – ohne ihn direkt zu benennen – mit wenigen Worten umschreiben können.

Beispiel – Wunschberuf Friseur:

- Ich möchte einen Handwerksberuf erlernen.
- Ich möchte mit Menschen arbeiten.
- Ich möchte Veränderungen in diesen Menschen bewirken und sie dadurch glücklich machen.
- Ich möchte mich mit Mode und Haaren beschäftigen.

Fordern Sie einen Schüler auf, nach vorne zu kommen, und bitten Sie ihn, seine Sätze einzeln und mit Pausen vorzulesen. In den Pausen haben die anderen Schüler die Gelegenheit, den Wunschberuf zu erraten. Derjenige, dem dies gelingt, darf als Nächster seinen Wunschberuf vorstellen.

Hinweis zur Differenzierung:

Nutzen Sie die Phase, in der die Schüler schreiben, und helfen Sie einzelnen Schülern beim Formulieren ihrer Sätze.

Kartenspiel: Gestern, heute, morgen

Thema:	Ereignisse zeitlich einordnen
Voraussetzungen:	keine
Kompetenzerwartungen:	Die Schüler können Ereignisse, Zustände oder Ähnliches in der Vergangenheit, Gegenwart und Zukunft einordnen.
Benötigte Materialien:	pro Schüler ein Arbeitsblatt (siehe Vorbereitung), ein Briefumschlag und eine Schere; das Arbeitsblatt als OHP-Folie und ein Folienstift
Vorbereitung:	Erstellen Sie eine Tabelle mit drei Spalten und zehn Zeilen. Schreiben Sie in alle Kästchen der linken Spalte „gestern", in alle Kästchen der mittleren Spalte „heute" und in alle Kästchen der rechten Spalte „morgen". Wichtig ist, dass weiterhin genügend Platz zum Schreiben vorhanden ist. Kopieren Sie das Blatt in der nötigen Anzahl und erstellen Sie eine OHP-Folie.

Spielanleitung:

Legen Sie die Folie auf den OHP. Fordern Sie die Schüler auf, Ihnen Dreier-Kombinationen zu nennen, z. B. gestern – Baby, heute – Kind/Jugendlicher, morgen – Erwachsener. Schreiben Sie dies in die Tabelle, und zwar jedes Beispiel in eine Zeile. Teilen Sie den Schülern die Arbeitsblätter aus, bitten Sie sie, die gemeinsam erarbeitete Tabelle abzuschreiben, die Kärtchen auszuschneiden und in den Briefumschlag zu stecken.
Teilen Sie die Klasse in Gruppen mit maximal vier Spielern ein. Jede Gruppe nimmt einen Briefumschlag. Von den 30 Karten werden an jeden Spieler 4 verteilt, die restlichen werden verdeckt abgelegt. Das Spiel beginnt.
Spieler 1 legt eine „heute"-Karte ab oder wenn er keine solche Karte hat, zieht er eine Karte vom Stapel. Ist dies eine „heute"-Karte, darf er sie ablegen. Hat Spieler 2 die zur abgelegten Karte passende „gestern"- oder „morgen"-Karte, legt er sie daneben. Hat er keine passende Karte, kann er entweder eine eigene „heute"-Karte ablegen oder muss ziehen.
Ziel ist es, seine Karten möglichst schnell abzulegen. Es muss aber immer erst die „heute"-Karte liegen, bevor die Karten „gestern" und „morgen" angelegt werden können.

Filme raten

Thema:	Filme und Fernsehsendungen beschreiben
Voraussetzungen:	keine
Kompetenzerwartungen:	Die Schüler können den Inhalt von Filmen und Fernsehsendungen so beschreiben, dass andere den Titel erraten können.
Benötigte Materialien:	pro Gruppe ca. 20 kleine Karten
Vorbereitung:	keine

Spielanleitung:

Teilen Sie die Klasse in Gruppen mit maximal vier Schülern.
Lassen Sie sich von den Schülern Filme und Fernsehsendungen nennen, die alle Schüler kennen. Fragen Sie jeweils nach, ob wirklich alle Schüler die genannte Sendung bzw. den genannten Film kennen, und schreiben Sie dann den Namen an die Tafel.
Wenn Sie ca. 20 Titel gesammelt haben, verteilen Sie die Karten an die Gruppen und bitten sie, die Namen der Filme und Sendungen auf je eine Karte zu schreiben.
Erklären Sie den Schülern die Spielregeln. Die Karten werden verdeckt auf einen Stapel gelegt. Der älteste Schüler in der Gruppe zieht die oberste Karte, liest sie leise durch und beschreibt den anderen den Inhalt des Films bzw. der Fernsehsendung, ohne Namen von Schauspielern oder Moderatoren zu nennen. Die anderen Schüler versuchen den Titel des Films zu erraten. Derjenige, dem dies gelingt, darf die Karte behalten. Es wird reihum gespielt, bis alle Karten aufgebraucht sind. Gewonnen hat der Schüler mit den meisten Karten.

Diskussionsfight

Thema:	Argumente anführen
Voraussetzungen:	keine
Kompetenzerwartungen:	Die Schüler können Argumente darstellen und die Phrasen „... hat Recht, weil ..." bzw. „Wir sind anderer Meinung, weil ..." gebrauchen.
Benötigte Materialien:	pro Mannschaft und Runde ein DIN-A4-Blankoblatt
Vorbereitung:	keine

Spielanleitung:

Teilen Sie die Klasse in mehrere Mannschaften – die Anzahl der Mannschaften sollte gerade sein. Formulieren Sie eine Aussage, über die man diskutieren kann (z. B. „Niemand sollte Schokolade essen, weil Schokolade dick macht."). Teilen Sie die Mannschaften in Pro- und Kontra-Gruppen ein. Geben Sie zwei bis drei Minuten Zeit, in denen die Gruppen Argumente für bzw. gegen Ihre Aussage finden und aufschreiben. Wählen Sie anschließend eine Pro-Gruppe und eine Kontra-Gruppe aus. Bitten Sie beide Mannschaften nacheinander, ihre Argumente zu nennen („Der Sprecher hat Recht, weil ..." oder „Der Sprecher hat Unrecht, weil ..." bzw. „Wir schließen uns der Meinung an, weil ..." oder „Wir sind anderer Meinung, weil ..."). Vergeben Sie für jedes sinnvolle Argument einen Punkt. Bei Unklarheit darüber, ob das Argument sinnvoll ist, lassen Sie die restlichen Schüler, die nicht den beiden spielenden Mannschaften angehören, darüber abstimmen. Die Mannschaft, die mehr sinnvolle Argumente hat, hat diese Runde gewonnen.

Weitere Beispiele für diskussionswürdige Aussagen:

- „Autofahren sollte schon ab zwölf erlaubt sein."
- „Schüler sollten für das Lernen im Unterricht Geld bekommen."
- „Hausaufgaben sollten generell verboten werden."
- „In der Schule sollte es keine Noten, sondern nur Zeugnisberichte geben."

Quiz: Atlas

Thema:	Fachsprache anwenden (Geografie)
Voraussetzungen:	keine
Kompetenzerwartungen:	Die Schüler kennen Fachbegriffe aus dem Atlas.
Benötigte Materialien:	pro Gruppe zehn Karten in DIN A6 und ein Atlas
Vorbereitung:	keine

Spielanleitung:

Teilen Sie die Schüler in Zweier- oder Dreiergruppen auf. Verteilen Sie die Karten und Atlanten an die Gruppen. Jede Gruppe schreibt zu einem ausgewählten Thema oder zu allen Themenbereichen im Atlas zehn Frage- und Antwortkarten.

Beispielfragen zu Deutschland:

- Wie heißt die Hauptstadt von Deutschland?
- Wie viele Bundesländer hat Deutschland?
- Welche Nachbarländer hat Deutschland?

Dann setzen sich je zwei Schülergruppen zusammen, mischen ihre Karten und stapeln diese. Der erste Schüler zieht die oberste Karte und liest die Frage vor. Alle anderen Spieler versuchen möglichst schnell die richtige Antwort zu nennen. Der Schüler, der dies als Erster schafft, bekommt die Karte. Danach wird im Uhrzeigersinn weitergespielt, bis alle Karten gespielt wurden.
Kann eine Karte von keinem richtig beantwortet werden, wird die Lösung vorgelesen und die Karte wieder in den Stapel gesteckt. Durch die Wiederholung erhöht sich die Behaltensleistung.

Hinweis zur Differenzierung:

Grenzen Sie den Themenbereich ein.

Variation:

Lassen Sie die Gruppen ihre Karten tauschen, sodass sie mit unbekannten Karten spielen.

Busplanmatch

Thema:	Fahrpläne verstehen
Voraussetzungen:	keine
Kompetenzerwartungen:	Die Schüler können sich auf einem Fahrplan orientieren und Auskunft auf eine Frage nach der Abfahrtzeit geben.
Benötigte Materialien:	ein Busfahrplan in DIN A2 oder auf Folie kopiert, für die weiterführende Aktion pro Kleingruppe ein Fahrplan
Vorbereitung:	Kopieren Sie den Fahrplan auf DIN A2 bzw. auf Folie.

Spielanleitung:

Teilen Sie die Klasse in zwei Mannschaften. Die Mitglieder einer Mannschaft stellen sich hintereinander in einer Reihe auf. Beide Reihen stehen nebeneinander, die ersten Schüler vorne bei Ihnen. Hängen Sie einen Bus- oder Straßenbahnfahrplan an die Tafel oder projizieren Sie ihn über den OHP an die Wand. Stellen Sie den beiden vordersten Schülern eine Frage, deren Antwort sie dem Fahrplan entnehmen können, z. B. „Wann fährt der Bus nach Schönhausen von der Haltestelle Odertor ab?" Die beiden vordersten Schüler suchen im Fahrplan nach der Antwort und nennen diese möglichst schnell. Der Gewinner nimmt den Verlierer mit in seine Mannschaft und stellt sich mit ihm wieder hinten in seiner Reihe an. Das Spiel ist beendet, wenn es nur noch eine Mannschaft gibt.

Variationen:

- Um die sprachliche Aktivität der Schüler zu erhöhen, kann die Rolle des Lehrers auch von einem Schüler eingenommen werden.
- Teilen Sie die Klasse in Dreiergruppen. Geben Sie jeder Kleingruppe einen Bus- bzw. Straßenbahnplan. Es spielen immer zwei Schüler gegeneinander, während der dritte eine Frage formuliert. Die Schüler führen Strichlisten über ihre erreichte Punktzahl. Geben Sie eine Spieldauer vor (ca. zehn Minuten) und fragen Sie dann nach, wer die meisten Punkte erreicht hat.

Schwarzer Peter: Gestern und heute

Thema:	Ereignisse zeitlich einordnen
Voraussetzungen:	keine
Kompetenzerwartungen:	Die Schüler können verschiedene Ereignisse der Vergangenheit bzw. Gegenwart zuordnen.
Benötigte Materialien:	ein Arbeitsblatt (siehe Vorbereitung) als OHP-Folie und ein Folienstift, pro Schüler ein Arbeitsblatt und ein Briefumschlag
Vorbereitung:	Erstellen Sie am Computer eine Tabelle mit vier Spalten und vier Zeilen. Kopieren Sie die Tabelle auf eine OHP-Folie und in der entsprechenden Anzahl auf Papier.

Spielanleitung:

Die Schüler nennen Ihnen Situationen oder Gegenstände, die heute anders als früher sind, z. B. „Heute fahren wir mit dem Auto, früher fuhr man mit Kutschen."

Schreiben Sie beides möglichst kurz in zwei Kästchen auf die Folie:

- Kästchen 1: heute: Auto
- Kästchen 2: früher: Kutsche

Verfahren Sie so mit allen anderen Kästchen bis auf die letzten beiden. Das letzte Kästchen bleibt frei, ins vorletzte kommt die Wendung „Schwarzer Peter". Bitten Sie die Schüler, die erarbeiteten Inhalte auf ihre Kartenvorlage zu übertragen, die Karten auszuschneiden und in den Briefumschlag zu stecken. Teilen Sie die Klasse in Dreiergruppen ein. Jede Dreiergruppe benötigt einen Kartensatz, bestehend aus sieben Wortpaaren und der Einzelkarte „Schwarzer Peter" (die 16. Karte wird nicht verwendet). Alle Karten werden gleichmäßig verteilt und auf die Hand genommen. Wer eine Karte mehr hat, lässt seinen linken Nachbarn ziehen. Wer ein Paar hat, legt es ab. Wer am Ende den „Schwarzen Peter" hat, hat verloren.

Variation:

Alternativ können Sie auch die fertige OHP-Folie für alle Schüler kopieren, sodass sie die Karten nur noch ausschneiden müssen.

Quiz: Medien

Thema:	Fachsprache vertiefen (Medien)
Voraussetzungen:	keine
Kompetenzerwartungen:	Die Schüler verfügen über einen sicheren Wortschatz zum Thema „Medien".
Benötigte Materialien:	pro Schüler ein Satz Karteikarten
Vorbereitung:	keine

Spielanleitung:

Erstellen Sie gemeinsam mit den Schülern Wortschatzkarten. Auf jeder Karte wird auf der Vorderseite ein Begriff zum Thema „Medien" und auf der Rückseite eine passende Erklärung notiert, die durch Skizzen verdeutlicht werden kann. Weisen Sie die Schüler darauf hin, dass es sinnvoll ist, wenn jeder seine Kärtchen mit seinen Initialen kennzeichnet, um Verwechslungen zu vermeiden.
Es spielen immer zwei Schüler zusammen. Die Karten beider Spieler werden gestapelt und gemischt. Die Seite mit dem einzelnen Begriff zeigt nach oben. Der erste Schüler liest den Begriff der obersten Karte vor und formuliert eine entsprechende Definition. Löst er diese Aufgabe, bekommt er die Karte und darf weiterspielen, bis er maximal drei Karten hat. Wird ein Begriff falsch definiert oder kann ein Schüler einen Begriff nicht definieren, ist der andere Spieler dran. Eine Karte mit einem Begriff, den keiner von beiden richtig definieren konnte, wird an einer beliebigen Stelle in den Stapel gesteckt. Dies führt dazu, dass der Begriff wiederholt wird.
Das Spiel ist zu Ende, wenn keine Karten mehr übrig sind. Gewonnen hat, wer am Ende die meisten Karten hat.

Hinweis zur Differenzierung:

Sie können differenzieren, indem mehr oder weniger Karten erstellt bzw. zum Spielen genutzt werden und indem Sie mehr oder weniger geläufige Begriffe aufgreifen.

Lernfeld 4:

Miteinander leben

Hinweise zu Grund- und Aufbaukurs

Grundkurs

Hier stehen Familie, Freunde und Nachbarn im Vordergrund. Die Schüler tauschen sich über Wohnsituationen aus, berichten über das Essen und Trinken, lernen Höflichkeitsformen der Anrede kennen. Außerdem werden die Aspekte „Uhrzeit" und „Feiern" thematisiert.

Thema	Spielvorschlag	Seite
Lob formulieren	Warme Dusche	75
Fragen formulieren	Entschuldigen Sie bitte …	76
Aufforderungen oder Fragen als Bitte formulieren	Kannst du mir bitte die Hand schütteln?	77
Gerichte benennen	Meine Mutter kocht …	78
Verwandtschaftsbeziehungen benennen	Rätsel: Familie	79
Möbel benennen	Möbelsuche	80
Uhrzeiten und Tätigkeiten in Verbindung bringen	Flaschendrehen: Uhrzeiten	81
Einladungen formulieren	Partyspiel	82
Tagesabläufe besprechen	Puzzle: Tagesablauf	83

Aufbaukurs

In diesem Aufbaukurs geht es um den Tagesablauf und um Tätigkeiten im Alltag. Das Phänomen Wetter wird betrachtet. Es wird über persönliche Auseinandersetzungen und Entschuldigungen gesprochen und den Schülern werden Phrasen angeboten, um sich in Konfliktsituationen passend ausdrücken zu können.

Thema	Spielvorschlag	Seite
Alltagstätigkeiten beschreiben	Pärchenspiel mit Menschen: Tätigkeiten	84
Fachsprache anwenden (Wetter)	Wie ist das Wetter in Berlin?	85
Wetterphänomene beschreiben	Würfelspiel: An Ostern gibt es oft Regen	86
Probleme benennen	Friedenspfeifer	87
Gegenstände beschreiben	Sachensucher	88

Warme Dusche

Thema:	Lob formulieren
Voraussetzungen:	Die Schüler kennen Adjektive, die positive Eigenschaften beschreiben.
Kompetenzerwartungen:	Die Schüler können begründen, warum jemand nett ist.
Benötigte Materialien:	ein Stuhl
Vorbereitung:	keine

Spielanleitung:

Bilden Sie mit den Schülern einen Stehkreis. In der Mitte des Kreises steht ein Stuhl. Wählen Sie einen Schüler aus, der sich auf den Stuhl setzt. Fordern Sie die übrigen Schüler auf, innerhalb von einer Minute dem Schüler möglichst viele positive Rückmeldungen zu geben (z. B. „Ich finde gut, dass du hilfsbereit bist."/„Ich mag es, dass du anderen zuhörst."/„Ich finde toll, dass du gut rechnen kannst."). Stoppen Sie die Zeit und geben Sie ein Anfangs- und ein Endkommando.

Hinweis zur Differenzierung:

Sammeln Sie im Vorfeld Beispiele und Satzanfänge, die Sie an die Tafel schreiben.

Variation:

Die Schüler schreiben die positiven Rückmeldungen auf Zettel. Sie können schwächere Schüler dabei unterstützen. Alle treffen sich im Stehkreis. Dem Schüler in der Mitte werden der Reihe nach alle Zettel vorgelesen. Er darf die Zettel anschließend behalten.

Entschuldigen Sie bitte ...

Thema:	Fragen formulieren
Voraussetzungen:	keine
Kompetenzerwartungen:	Die Schüler können einen Gegenstand erfragen, indem Sie die Phrase „Entschuldigen Sie bitte, kann man ...?" weiterführen.
Benötigte Materialien:	keine
Vorbereitung:	keine

Spielanleitung:

Wählen Sie einen Schüler aus, der kurz vor die Tür geht. Verabreden Sie mit den Schülern im Klassenzimmer einen Gegenstand, den der Schüler erraten muss (z. B. eine Lampe). Bitten Sie den Schüler wieder herein. Er stellt sich vor die Klasse und befragt einen Schüler: „Lukas, entschuldigen Sie bitte, kann man das Dings werfen?" Lukas antwortet: „Nein, man kann das Dings nicht werfen." Der Schüler befragt weitere Schüler, bis er den Gegenstand erraten hat.

Hinweis zur Differenzierung:

Kommt ein Schüler nicht auf die Antwort, können Sie Tipps geben, z. B. nach jeweils drei Fragen.

Kannst du mir bitte die Hand schütteln?

Thema:	Aufforderungen oder Fragen als Bitte formulieren
Voraussetzungen:	keine
Kompetenzerwartungen:	Die Schüler kennen die Phrase „Kannst du bitte …?" und können diese weiter ausformulieren.
Benötigte Materialien:	keine
Vorbereitung:	keine

Spielanleitung:

Bilden Sie mit den Schülern einen Stehkreis. Beginnen Sie das Spiel, indem Sie sich zu Ihrem linken Nachbarn drehen und sagen: „Kannst du mir bitte die Hand schütteln?" Dieser schüttelt Ihnen die Hand, dreht sich zu seinem linken Nachbarn und wiederholt die Frage. Dies geht so lange, bis Sie aufgefordert werden, die Hand zu schütteln. Die nächste Runde beginnt Ihr rechter Nachbar, der sich zu seinem rechten Nachbarn dreht und z. B. sagt: „Kannst du mich bitte am Rücken kratzen?"
Je lustiger die Aufgaben sind, desto mehr Spaß macht es.

Hinweis zur Differenzierung:

Geben Sie drei bis vier Fragevariationen vor, schreiben Sie diese an die Tafel und üben Sie sie vorher mit den Schülern ein. Schwächere Schüler wählen aus den Variationen aus.

Meine Mutter kocht ...

Thema:	Gerichte benennen
Voraussetzungen:	Die Schüler kennen verschiedene Gerichte.
Kompetenzerwartungen:	Die Schüler können den Satzanfang „Meine Mutter kocht …" erweitern.
Benötigte Materialien:	keine
Vorbereitung:	keine

Spielanleitung:

Setzen Sie sich mit den Schülern in einen Stuhlkreis. Wie beim Spiel „Flüsterpost" beginnt der erste Spieler und flüstert seinem linken Nachbarn einen Satz ins Ohr, der mit dem Satzanfang „Meine Mutter kocht …" beginnt (z. B. „Meine Mutter kocht Spaghetti/Suppe/Auflauf."). Der linke Nachbar flüstert wiederum seinem linken Nachbarn ins Ohr, was er verstanden hat. Dies geht so weiter bis zum letzten Schüler, der laut sagen muss, was er verstanden hat.

Hinweis zur Differenzierung:

Zeigen Sie Fotos von Gerichten und fragen Sie die Schüler nach den Namen für die Gerichte. Hängen Sie die Fotos an die Tafel und schreiben Sie die Namen der Gerichte dazu, sodass schwächere Schüler hier nachschauen können.

Variationen:

Spielen Sie das Spiel als Mannschaftsspiel. Zwei Mannschaften stellen sich in Reihen hintereinander auf. Die jeweils vorderen Schüler kommen zu Ihnen. Sie flüstern beiden Schülern einen Satz ins Ohr, z. B. „Meine Mutter kocht Tomatensuppe." Auf Ihr Startkommando rennen beide Schüler los und flüstern dem nächsten Schüler den Satz ins Ohr, der sich umdreht und wiederum dem nächsten zuflüstert. Der letzte Schüler in der Reihe ruft den Satz. Die Mannschaft, die den Satz zuerst und richtig ruft, hat gewonnen.
Sie können alternativ auch Bildkarten zeigen, sodass die Schüler mehrkanalig angesprochen werden und ihren aktiven Wortschatz einsetzen müssen.

Rätsel: Familie

Thema:	Verwandtschaftsbeziehungen benennen
Voraussetzungen:	Begriffe für Familienangehörige kennen
Kompetenzerwartungen:	Die Schüler kennen Verwandtschafts-beziehungen und Bezeichnungen für Familienangehörige.
Benötigte Materialien:	Die Schüler rufen ihr Wissen ab und erraten Rätsel.
Vorbereitung:	Kopieren Sie diese Seite bzw. schlagen Sie sie auf, um die unten stehenden Rätsel vorlesen zu können.

Spielanleitung:

Teilen Sie die Lerngruppe in zwei bis vier Gruppen auf. Alle Gruppen spielen gegeneinander. Lesen Sie jeweils ein Rätsel vor. Wer die richtige Antwort als Erster ausruft, erzielt einen Punkt für seine Mannschaft. Notieren Sie die Punkte der Gruppen an der Tafel oder auf einem Blatt. Gewonnen hat die Gruppe, die am Ende die meisten Punkte hat.

Rätsel:

Sohn meiner Mutter, aber nicht ich (mein Bruder)
Vater meiner Mutter (mein Großvater/Opa)
Tochter meines Vaters, aber nicht ich (meine Schwester)
Ehefrau meines Vaters (meine Mutter)
Bruder meiner Mutter (mein Onkel)
Großmutter meiner Mutter (meine Urgroßmutter/Uroma)
Ehemann meiner Großmutter (mein Großvater/Opa)
Tochter meines Großvaters/Opas (meine Mutter) – möglich wäre auch: meine Tante
Mutter meines Vaters (Großmutter/Oma)
Schwester meines Vaters (meine Tante)

Variation/Hinweis zur Differenzierung:

Bei leistungsschwächeren Klassen bietet es sich eher an, „Das Haus vom Nikolaus“ (vgl. S. 103) mit Verwandtschaftsbezeichnungen zu spielen.

Möbelsuche

Thema:	Möbel benennen
Voraussetzungen:	keine
Kompetenzerwartungen:	Die Schüler festigen ihren Wortschatz zum Thema „Möbel und Einrichtungsgegenstände".
Benötigte Materialien:	ca. fünf bis acht Puppenstubenmöbel oder ca. fünf bis acht Magnete und Bilder von Möbeln (Stuhl, Sofa, Tisch, Bett, Schrank, Regal usw.) und Einrichtungsgegenständen (Lampe, Vase usw.)
Vorbereitung:	Stellen Sie die Gegenstände bzw. Bilder zusammen.

Spielanleitung:

Stellen Sie die Puppenstubenmöbel für alle gut sichtbar auf einen Tisch oder hängen Sie die Bilder an die Tafel. Fordern Sie die Schüler auf, sich alles gut anzusehen und einzuprägen. Bitten Sie die Schüler, die Augen zu schließen, entfernen Sie ein Möbelstück oder ein Bild. Bitten Sie die Schüler, die Augen wieder zu öffnen, und fragen Sie: „Was fehlt?" Lassen Sie die Schüler sich melden und nehmen Sie einen Schüler dran. Hat dieser das richtige Möbelstück/Bild benannt, darf er in der nächsten Runde etwas wegnehmen.

Variationen:

- Um zu vermeiden, dass Schüler schummeln, können Sie die Puppenstubenmöbel mit einer Decke zudecken oder die Bilder an einer Außentafel befestigen und diese dann nach hinten klappen, wenn Sie eine Veränderung vornehmen.
- Statt ein Teil zu entfernen und „Was fehlt?" zu fragen, können Sie die Puppenstubenmöbel und Bilder auch anders anordnen und fragen: „Was ist anders?"

Flaschendrehen: Uhrzeiten

Thema:	Uhrzeiten und Tätigkeiten in Verbindung bringen
Voraussetzungen:	Die Schüler können die Uhr lesen.
Kompetenzerwartungen:	Die Schüler können angeben, was sie zu einer bestimmten Uhrzeit getan haben bzw. tun werden.
Benötigte Materialien:	eine große Demonstrationsuhr (siehe Vorbereitung), eine leere Flasche, ggf. ca. 25 Kärtchen
Vorbereitung:	Basteln Sie, falls nötig, aus Tonpapier eine Demonstrationsuhr, auf der man die Zeiger verstellen kann.

Spielanleitung:

Bilden Sie mit den Schülern einen Stuhl- oder Sitzkreis. Stellen Sie die Uhr auf eine Uhrzeit ein, formulieren Sie eine zur Uhrzeit passende Frage (z. B. „Warst du gestern um 15 Uhr in der Badewanne?“) und drehen Sie die Flasche. Der Schüler, auf den die Flasche zeigt, muss Ihre Frage beantworten („Nein, ich war gestern Nachmittag um 15 Uhr beim Training.“). Nun darf er eine Uhrzeit einstellen, eine zur Uhrzeit passende Frage formulieren und die Flasche drehen.

Variationen:

- Sie können mit den Schülern auch im Vorfeld Alltagstätigkeiten finden und diese auf Kärtchen schreiben. Jeder Schüler muss dann zuerst eine Uhrzeit einstellen, dann ein Kärtchen ziehen und aus beidem eine Frage formulieren.
- Um zu garantieren, dass alle Schüler gleich oft drankommen, können Sie festlegen, dass die Schüler der Reihe nach drehen.

Partyspiel

Thema:	Einladungen formulieren
Voraussetzungen:	keine
Kompetenzerwartungen:	Die Schüler können eine Einladung aussprechen.
Benötigte Materialien:	keine
Vorbereitung:	keine

Spielanleitung:

Bilden Sie mit den Schülern einen Stuhlkreis, bei dem ein Stuhl unbesetzt ist. Der Schüler, der links vom freien Stuhl sitzt, tippt auf den Stuhl und sagt: „Mein rechter Stuhl ist frei, zu meiner Verkleidungsparty lade ich … (Simon) ein." Der angesprochene Schüler fragt: „Als was soll ich kommen?" Der erste Schüler antwortet z. B. „Als Gespenst." Der angesprochene Schüler ahmt ein Gespenst nach, geht zum freien Stuhl und setzt sich drauf. Nun macht der Schüler weiter, der links von dem neuen freien Stuhl sitzt.

Puzzle: Tagesablauf

Thema: Tagesabläufe besprechen

Voraussetzungen: Die Schüler können die Uhr lesen.

Kompetenzerwartungen: Die Schüler können ein Puzzle zum Thema Tagesablauf in die richtige Reihenfolge bringen und über den eigenen Tagesablauf berichten.

Benötigte Materialien: ein Lösungsblatt, pro Spielerpaar ein Umschlag mit Puzzleteilen (siehe Vorbereitung)

Vorbereitung: Schreiben Sie einen fiktiven Tagesablauf:

Uhrzeit	Erklärung
6.00 Uhr	Mein Wecker klingelt. Ich stehe auf.
6.30 Uhr	usw.

Kopieren Sie die Tabelle in der nötigen Anzahl. Schneiden Sie die einzelnen Zeilen der Tabelle aus (ggf. auch die Spalten, siehe Variation) und stecken Sie die so entstandenen Puzzleteile in einen Briefumschlag. Verfahren Sie ebenso mit den restlichen Kopien. Behalten Sie eine vollständige Tabelle als Lösungsblatt zurück.

Spielanleitung:

Es wird zu zweit gespielt. Verteilen Sie die Briefumschläge an die Schülerpaare. Die Schüler bringen die Teile in eine sinnvolle Ordnung und sprechen darüber, wie ihr eigener Tagesablauf aussieht.

Hinweis zur Differenzierung:

Die Variation bietet sich für leistungsstärkere Schülerpaare an.

Variation:

Sie können zusätzlich die Uhrzeiten und die Erklärungen zerschneiden. Dann sollten Sie jedoch entweder „6.00 Uhr morgens“ und „6.00 Uhr abends“ oder „6.00 Uhr“ und „18.00 Uhr“ schreiben.

Pärchenspiel mit Menschen: Tätigkeiten

Thema:	Alltagstätigkeiten beschreiben
Voraussetzungen:	keine
Kompetenzerwartungen:	Die Schüler können Tätigkeiten aus ihrem Alltag mit Worten benennen bzw. umschreiben.
Benötigte Materialien:	keine
Vorbereitung:	keine

Spielanleitung:

Das Spiel funktioniert wie das bekannten Memory®-Spiel – nur das hier Menschen die Paare bilden. Wählen Sie zwei Schüler (Spieler) aus, die vor die Tür gehen. Fordern Sie die restlichen Schüler auf, sich zu Paaren zusammenzufinden und sich paarweise einen Satz mit passender Geste oder Bewegung auszudenken (z. B. „Nach dem Mittagessen helfe ich meiner Mutter beim Geschirrabtrocknen" mit einer Geste, die das Abtrocknen eines Tellers darstellt.). Achten Sie darauf, dass nicht nur Schüler, die nebeneinandersitzen, und solche, die eng miteinander befreundet sind, ein Paar bilden. Sollten Sie eine ungerade Schülerzahl haben, spielen Sie ebenfalls mit.
Rufen Sie die Spieler herein. Diese stellen sich vor der Klasse auf. Der erste Spieler ruft zwei Schüler auf. Diese stehen auf und sprechen ihren Satz mit Geste vor. Sind diese Schüler ein Paar, stellen sie sich hinter den Spieler und dieser ist nochmals dran. Ansonsten ist der zweite Spieler dran. Das Spiel ist zu Ende, wenn alle Paare gefunden wurden. Gewonnen hat der Spieler mit den meisten Paaren.

Variationen:

- Wenn die Gefahr besteht, dass die Schüler zu unruhig werden, wenn sie sich hinter dem Spieler aufstellen, können Sie an der Tafel auch Strichlisten für beide Spieler führen. Dann sollten sich zu Beginn alle Schüler auf ihren Tisch setzen. Wer mit seinem Partner als Paar gefunden wurde, setzt sich zurück auf seinen Stuhl.
- Spielen Sie mehrere Runden. Geben Sie für jede Runde eine Zeit vor (morgens, mittags, am Wochenende, in den Ferien), so wird es abwechslungsreicher und die zu sprechenden Sätze werden variiert.

Wie ist das Wetter in Berlin?

Thema:	Fachsprache anwenden (Wetter)
Voraussetzungen:	Die Schüler kennen Adjektive, die das Wetter näher beschreiben (stürmisch, regnerisch, windig, sonnig, bewölkt usw.). Die Schüler kennen Städte- oder Ländernamen.
Kompetenzerwartungen:	Die Schüler können Sätze bilden, mit denen sie das Wetter beschreiben.
Benötigte Materialien:	eine große Land- oder Weltkarte mit Klebezetteln (Post-it) bzw. eine auf Folie kopierte und beschriftete Landkarte, ein Ball
Vorbereitung:	Nehmen Sie eine Weltkarte zum Aufhängen und bereiten Sie Klebezettel mit Wettersymbolen (Sonne, Sonne hinter einer Wolke, Wolke mit wenig Regen, Regenschauer, Blitz, Schneeflocke usw.) vor. Heften Sie diese neben einzelne Städte auf die Karte. Alternativ können Sie eine Land- oder Weltkarte auf Folie kopieren und die Symbole neben den Städten einzeichnen.

Spielanleitung:

Hängen Sie die mit den Symbolen versehene Karte auf bzw. legen Sie die Folie auf den OHP. Werfen Sie einem Schüler den Ball zu und fragen Sie z. B. „Jakob, wie ist das Wetter in Berlin?" Jakob betrachtet die Karte und antwortet: „Das Wetter in Berlin ist schön. Die Sonne scheint."

Hinweise zur Differenzierung:

- Sie können das Spiel erweitern, indem Sie auch Temperaturangaben ergänzen. Die Schüler antworten dann: „Das Wetter in Berlin ist schön. Die Sonne scheint und es sind 28 Grad."
- Zusätzlich erweitern können Sie das Spiel, indem Sie Transfer-Fragen stellen, etwa:
  - „Wie ist das Wetter in Berlin? Brauche ich einen Regenschirm?"
  - „Wie ist das Wetter in Berlin? Kann ich heute ins Freibad gehen?"
  - „Wie ist das Wetter in Berlin? Was soll ich anziehen?"

Würfelspiel: An Ostern gibt es oft Regen

Thema:	Wetterphänomene beschreiben
Voraussetzungen:	Die Schüler kennen die Bezeichnungen für Wetterphänomene.
Kompetenzerwartungen:	Die Schüler können Sätze formulieren und sie auf ihren Wahrheitsgehalt hin überprüfen.
Benötigte Materialien:	pro Spielgruppe ein Würfel und ein Blankoblatt
Vorbereitung:	keine

Spielanleitung:

Lassen Sie sich von den Schülern sechs Termine diktieren (z. B. Feiertage, Termine wie Sommerferien, Herbstfest usw.). Listen Sie diese an der Tafel wie unten zu sehen auf. Lassen Sie sich sechs Wetterphänomene (Schnee, Regen, usw.) diktieren und ergänzen Sie diese. Lassen Sie sich sechs Zeitwörter nennen (oft, manchmal, immer usw.) und notieren Sie sie an der Tafel.

Termine	Wetter	Zeitwörter
1. Sommerferien	1. Schnee	1. oft
2. Herbstfest	2. Regen	2. manchmal
usw.	usw.	usw.

Die Schüler spielen in Kleingruppen mit vier bis sechs Schülern: Der erste Schüler würfelt dreimal. Mit dem ersten Wurf legt er den Termin, mit dem zweiten Wurf das Wetter, mit dem dritten Wurf das Zeitwort fest. Er formuliert einen passenden Satz und schreibt ihn auf, z. B. „An Ostern scheint immer die Sonne." Kann der Schüler diesen Satz mit einem sicheren „Ja" beantworten, bekommt er drei Punkte. Kann er den Satz nur mit einem „Das ist möglich" beantworten, bekommt er zwei Punkte. Ist der Satz inhaltlich falsch, bekommt der Schüler einen Trostpunkt.
Die anderen Schüler verfahren ebenso. Wer zuerst 20 Punkte hat, hat gewonnen.

Variation:

Spielen Sie das Spiel im Plenum mit zwei bis vier Mannschaften. In jeder Runde würfelt und formuliert ein einzelner Schüler stellvertretend für seine Mannschaft. Es hat die Mannschaft gewonnen, die zuerst 20 Punkte erzielt hat.

Friedenspfeifer

Thema:	Probleme benennen
Voraussetzungen:	keine
Kompetenzerwartungen:	Die Schüler können benennen, was sie stört, und Lösungsvorschläge erarbeiten.
Benötigte Materialien:	pro Schüler eine kleine Blankokarte
Vorbereitung:	keine

Spielanleitung:

Überlegen Sie gemeinsam mit den Schülern, in welchen Situationen es zu persönlichen Auseinandersetzungen kommen kann. Schreiben Sie an die Tafel als Überschrift „Mich stört, dass …" und listen Sie darunter die Vorschläge der Schüler auf. Notieren Sie halb so viele Problemaussagen, wie sie Schüler in der Klasse haben.

Überlegen Sie in einer zweiten Runde mit den Schülern, was das Gegenüber bei einem Streit antworten könnte, um die Auseinandersetzung zu einem friedlichen Ende zu bringen, z. B. „Mich stört, dass du immer so laut Musik hörst." – „Also gut. Entschuldige bitte. Ich stelle die Musik leiser." Schreiben Sie die Vorschläge der Schüler hinter die entsprechende Problemaussage.

Verteilen Sie die Karten an die Schüler und sagen Sie jedem Schüler, welche Aussage bzw. welche Lösung er von der Tafel auf das Kärtchen abschreiben soll.

Mischen Sie die Karten und lassen Sie anschließend jeden Schüler eine Karte ziehen. Die Schüler gehen nun durch den Raum, lesen sich gegenseitig ihre Karten vor und versuchen ihren Partner zu finden. Wer seinen Partner gefunden hat, setzt sich mit ihm zusammen hin. Fordern Sie abschließend alle Paare auf, ihre Kärtchen vorzulesen.

Sachensucher

Thema: Gegenstände beschreiben

Voraussetzungen: Die Schüler kennen Adjektive zur näheren Beschreibung von Dingen, z. B. hart, weich, kalt, grün usw.

Kompetenzerwartungen: Die Schüler können vorgegebene Beschreibungen mithilfe eines Gegenstandes veranschaulichen. Sie können in Sätzen formulieren, welche Eigenschaften die Gegenstände besitzen.

Benötigte Materialien: pro Gruppe ein Arbeitsauftrag (siehe Vorbereitung), ein Stift, eine Tüte und, wenn vorhanden, eine Schreibunterlage

Vorbereitung: Erstellen Sie folgendes Arbeitsblatt:

Schreibt jeweils ein Beispiel auf.

a) Sucht im Schulzimmer nach passenden Dingen.

b) Sammelt eure Fundstücke in der Tüte und notiert auf diesem Blatt, was ihr gefunden habt:

1. etwas Hartes: ....
2. etwas Weiches: ....
3. etwas Grünes: ....
4. etwas, das nicht grün ist: ....
5. etwas Spitzes: ....
6. etwas Langes: ....
7. etwas Kaltes: ....
8. etwas, das gut riecht: ....
9. etwas, das in der Erde wächst: ....
10. etwas, das nicht in der Erde wächst: ....

Spielanleitung:

Teilen Sie die Gruppen ein (ca. drei bis fünf Schüler pro Gruppe). Verteilen Sie die Materialien und geben Sie das Startkommando. Die Gruppen suchen passende Gegenstände und kehren anschließend zu Ihnen zurück. Im Plenum stellt jede Gruppe ihre Fundstücke vor. Die anderen überprüfen, ob die Gegenstände zu den vorgegebenen Eigenschaften passen.

Lernfeld 5:

Was mir wichtig ist

Hinweise zu Grund- und Aufbaukurs

Grundkurs

Im Lernfeld „Was mir wichtig ist" stehen Gefühle und Bedürfnisse im Vordergrund. Interessen, Berufe und Fähigkeiten werden thematisiert. Persönliche Beziehungen werden beleuchtet und Konfliktsituationen durchgespielt.

Thema	Spielvorschlag	Seite
Phrasen einüben	Richtungswechsel	91
Berufe beschreiben und darstellen	Pärchenspiel mit Menschen: Berufe	92
Fragen formulieren	Was bin ich?	93
In verschiedenen Sprachen das Wort „Freund" ausdrücken	Ciao, amigo	95
Streitsituationen spielen	Rollenspiel: Streit	96
Positive Eindrücke formulieren	Ich packe meinen Koffer – einmal anders	97
Fähigkeiten benennen	Bingo: Fähigkeiten	98
Laute wahrnehmen und artikulieren	Zungenbrecher	99

Aufbaukurs

Hier geht es um folgende Themenbereiche: kritische Äußerungen, Probleme und Lösungen sowie persönliche Zukunft, Job und Beruf. Weiterhin werden Wünsche angesprochen.

Thema	Spielvorschlag	Seite
Wortschatz erweitern	Fernsehwörter sammeln	100
Probleme benennen und Lösungen vorschlagen	Lösungen würfeln	101
Wünsche formulieren	Das Haus vom Nikolaus: Zukunftswünsche	103
Berufe thematisieren	Rollenspiel: Werbeclip für den Traumberuf	104
Wünsche äußern und reflektieren	Wünsche angeln	105
Lebensläufe formulieren	Puzzle: Lebenslauf	106
Fachsprache anwenden (berufliche Tätigkeiten)	Kartenspiel: Berufe	107

Richtungswechsel

Thema:	Phrasen einüben
Voraussetzungen:	keine
Kompetenzerwartungen:	Die Schüler kennen die Phrasen „Lass mich in Ruhe!" und „Tut mir leid".
Benötigte Materialien:	keine
Vorbereitung:	keine

Spielanleitung:

Sie bilden mit den Schülern einen Stehkreis. Sie drehen sich zu einem Ihrer Nachbarn, strecken die Arme aus und klatschen ihm zu. Dabei sagen Sie in passendem Tonfall: „Lass mich in Ruhe!" Der Schüler dreht sich zu seinem anderen Nachbarn um und wiederholt Ihren Satz und Ihr Klatschen. Dies geht so lange, bis ein Schüler die Richtung ändert, indem er sich nicht weiterdreht, sondern zurückklatscht und dabei in passendem Tonfall sagt: „Tut mir leid."

Pärchenspiel mit Menschen: Berufe

Thema:	Berufe beschreiben und darstellen
Voraussetzungen:	keine
Kompetenzerwartungen:	Die Schüler können einen Satz zu einem Beruf formulieren und ihn mit einer passenden Bewegung darstellen.
Benötigte Materialien:	keine
Vorbereitung:	keine

Spielanleitung:

Das Spiel funktioniert wie das bekannte Memory®-Spiel und folgt seinen Regeln. Wählen Sie zwei Schüler (Spieler) aus und schicken Sie sie vor die Tür. Fordern Sie die anderen Schüler auf, sich in Paaren zusammenzufinden und sich jeweils auf einen Beruf zu einigen. Die Schüler formulieren einen Satz, z. B. „Ich will Maurer werden, weil ich dann Häuser bauen kann." Sie finden eine passende Bewegung dazu, z. B. imaginäre Steine stapeln und mit der imaginären Maurerkelle den Zement glatt streichen. Sollten Sie eine Lerngruppe mit ungerader Schülerzahl haben, spielen Sie selbst mit.
Bitten Sie die beiden Spieler wieder herein. Diese stellen sich vor der Klasse auf. Spieler 1 ruft zwei Schüler auf, die aufstehen, ihren Satz sagen und die Bewegung vormachen. Bilden die beiden aufgerufenen Schüler ein Paar, stellen sie sich hinter Spieler 1, der noch einmal dran ist. Sind beide Schüler kein Paar, ist Spieler 2 dran. Das Spiel ist zu Ende, wenn keine Schüler mehr übrig sind. Gewonnen hat der Spieler, der mehr Paare gefunden hat.

Variation:

Besteht die Gefahr, dass die Schüler, die als Paar identifiziert wurden und nun hinter einem der Spieler stehen, zu unruhig werden, können Sie das Spiel auch anders spielen: Alle Schüler setzen sich auf ihren Tisch. Wer als Paar identifiziert wurde, setzt sich auf seinen Stuhl zurück. Dann müssen Sie für die beiden Spieler Strichlisten an der Tafel führen, um den Überblick zu behalten.

Was bin ich?

Thema:	Fragen formulieren
Voraussetzungen:	keine
Kompetenzerwartungen:	Die Schüler können zu einzelnen Berufen passende Fragen formulieren.
Benötigte Materialien:	bei Gruppenarbeit pro Gruppe zehn Karten mit Berufsbezeichnungen
Vorbereitung:	Beschriften Sie, wenn Sie das Spiel in Kleingruppen spielen lassen wollen, für jede Gruppe zehn Karten mit verschiedenen Berufsbezeichnungen.

Spielanleitung:

Wählen Sie einen Schüler aus und flüstern Sie ihm eine Berufsbezeichnung ins Ohr. Alternativ können Sie diese auch aufschreiben und dem Schüler den Zettel zeigen. Bitten Sie den Schüler, eine für diesen Beruf typische Handbewegung zu machen.
Fordern Sie die anderen Schüler auf, mittels Fragen zu erraten, welcher Beruf dargestellt wurde. Es dürfen maximal zehn Fragen gestellt werden. Die Fragen müssen so gestellt werden, dass derjenige, der die Handbewegung vorgemacht hat, nur mit „Ja" oder „Nein" antworten kann.
Mögliche Leitfragen könnten sein:

- Arbeitest du mit Menschen?
- Arbeitest du mit Maschinen?
- Arbeitest du in einem Büro?
- Arbeitest du in einer Fabrik?
- Bist du im Außendienst tätig?
- Arbeitest du im Schichtdienst?
- Stellst du etwas her?

Wer den Beruf richtig erraten hat, darf den nächsten Beruf vormachen.
Wurde der Beruf nach zehn Fragen nicht erraten, wird das Rätsel aufgelöst.
Wählen Sie dann einen anderen Schüler aus.

Was bin ich?

Hinweis zur Differenzierung:

Besprechen Sie eventuell im Vorfeld mit den Schülern, welche Berufe sie kennen. Oder überlegen Sie, welche Berufsbezeichnungen Sie vermitteln wollen. Schreiben Sie mögliche Leitfragen an die Tafel.

Variation:

Sie können das Spiel auch in der Kleingruppe spielen lassen. Verteilen Sie dann an jede Gruppe einen Satz Kärtchen mit Berufsbezeichnungen. Der erste Schüler nimmt dann eine Karte vom Stapel, liest die Berufsbezeichnung, überlegt sich eine passende Handbewegung und beantwortet bis zu zehn Fragen der Mitspieler mit „Ja" oder „Nein". Wird der Beruf nicht erraten, behält der Schüler die Karte. Errät ein Schüler den Beruf, bekommt er die Karte. Gewonnen hat der Schüler, der am Ende die meisten Karten hat.

Ciao, amigo

Thema:	in verschiedenen Sprachen das Wort „Freund" ausdrücken
Voraussetzungen:	keine
Kompetenzerwartungen:	Die Schüler kennen das Wort „Freund" in unterschiedlichen Sprachen.
Benötigte Materialien:	Tafel, Kreide
Vorbereitung:	keine

Spielanleitung:

Bitten Sie die Schüler, das Wort „Freund" in ihre Herkunftssprache zu übersetzen. Lassen Sie sich die Schreibweise der einzelnen Begriffe diktieren, schreiben Sie die Wörter nebeneinander an die Tafel und üben Sie mit der Klasse die Aussprache dieser Begriffe ein.
Bilden Sie mit den Schülern einen Stehkreis. Lesen Sie das erste Wort vor. Ihr linker Nachbar liest das zweite Wort vor und so fort, bis sämtliche Wörter vorgetragen wurden. Der Schüler, der dann dran wäre, sagt „Ciao, amigo" und setzt sich. Der nächste Schüler fängt wieder am Anfang der Reihe an. So geht es weiter, bis nur noch ein Schüler übrig ist.

Das Wort „Freund" heißt in anderen Sprachen so:

Englisch: *friend*
Französisch: *ami*
Italienisch: *amico*
Spanisch: *amigo*
Türkisch: *dost*
Portugiesisch: *camarada*
Polnisch: *druh*

Rollenspiel: Streit

Thema:	Streitsituationen spielen
Voraussetzungen:	keine
Kompetenzerwartungen:	Die Schüler entwickeln in Gruppen verschiedene Möglichkeiten, eine Streitsituation im Rollenspiel darzustellen.
Benötigte Materialien:	pro Gruppe ein Blankoblatt in DIN A5 oder DIN A4
Vorbereitung:	keine

Spielanleitung:

Lassen Sie sich von den Schülern Situationen nennen, in denen sie schon einmal Streit hatten. Teilen Sie die Klasse in Vierergruppen. Jede Gruppe einigt sich auf eine Streitsituation und beschreibt diese auf dem Blatt näher, z. B. „Ein Schüler drängelt beim Anstellen". Die Blätter werden unter den Gruppen ausgetauscht.
Jede Gruppe überlegt sich für ihre Streitsituation zwei Varianten, notiert diese auf der Rückseite des Blatts und übt sie im Rollenspiel ein.
Die Gruppen präsentieren ihre Varianten im Plenum.

Variation:

Die Gruppen präsentieren nicht nur ihre Varianten, sondern erklären auch, welche sie besser finden und warum dies so ist.

Ich packe meinen Koffer – einmal anders

Thema:	positive Eindrücke formulieren
Voraussetzungen:	keine
Kompetenzerwartungen:	Die Schüler können mittels der Formulierung „Hier gefallen mir …" positive Eindrücke formulieren.
Benötigte Materialien:	keine
Vorbereitung:	keine

Spielanleitung:

Spielen Sie das Spiel wie „Ich packe meinen Koffer …". Bilden Sie mit den Schülern einen Steh- oder einen Sitzkreis. Beginnen Sie: „In Deutschland gefallen mir die Wälder." Ihr linker Nachbar wiederholt ihren Satz und ergänzt ihn: „In Deutschland gefallen mir die Wälder und das gute Essen." So geht es weiter, bis die Klasse eine komplette Runde geschafft hat. Dann darf Ihr linker Nachbar die nächste Runde beginnen. Wenn Sie eine große Lerngruppe haben, können Sie entweder in zwei Gruppen spielen oder Sie brechen nach der Hälfte ab und der nächste Schüler darf eine neue Runde starten.

Variationen:

Spielen Sie mehrere Runden mit verschiedenen Themen:

- „In Deutschland gefallen mir …"
- „In unserer Stadt gefallen mir …"
- „In der Schule gefallen mir …"

Bingo: Fähigkeiten

Thema:	Fähigkeiten benennen
Voraussetzungen:	keine
Kompetenzerwartungen:	Die Schüler können ihre Fähigkeiten mithilfe der Phrase „Ich kann gut …" benennen.
Benötigte Materialien:	pro Schüler ein DIN-A4-Blankoblatt
Vorbereitung:	keine

Spielanleitung:

Fordern Sie die Schüler auf, eine Bingotabelle (drei Spalten, drei Zeilen) auf das Blatt zu zeichnen. Die einzelnen Kästchen müssen so groß sein, dass die Schüler Tätigkeiten hineinschreiben können. Bitten Sie die Schüler aufzuzählen, was sie gut können. Sammeln Sie 20 Ausdrücke, die Fähigkeiten der Schüler benennen (z. B. „skaten: Ich kann gut skaten.", „Klavier spielen: Ich kann gut Klavier spielen." usw.), an der Tafel.
Die Schüler wählen neun Wendungen aus und schreiben jeweils eine in ein Kästchen.
Lesen Sie langsam alle Wendungen in einer anderen Reihenfolge und mit Pausen vor. Die Schüler prüfen, ob Sie den von Ihnen vorgelesenen Ausdruck in ihrer Bingotabelle notiert haben, und kreuzen ihn an. Hat ein Schüler drei Kreuze nebeneinander (horizontal, vertikal oder diagonal), ruft er laut „Bingo" und kommt zu Ihnen, damit Sie vergleichen können, ob er die richtigen Verben angekreuzt hat. Nun darf erst wieder „Bingo" gerufen werden, wenn ein Schüler zwei Reihen mit drei Kreuzen nebeneinander hat. Zuletzt darf nur noch derjenige „Bingo" rufen, der als Erster alle neun Kästchen angekreuzt hat.
Fordern Sie die Schüler, die „Bingo" gerufen haben, auf, ihre Fähigkeiten anhand der notierten Begriffe zu benennen (z. B. „Ich kann gut skaten, gut lesen und gut singen.").

Zungenbrecher

Thema:	Laute wahrnehmen und artikulieren
Voraussetzungen:	keine
Kompetenzerwartungen:	Die Schüler trainieren die Lautwahrnehmung und ihre Artikulation durch das schnelle und korrekte Aufsagen von Zungenbrechern.
Benötigte Materialien:	eine Uhr mit Sekundenzeiger
Vorbereitung:	keine

Spielanleitung:

Wählen Sie einen der folgenden Zungenbrecher aus und schreiben Sie ihn an die Tafel:

- Am 10.10. um 10 Uhr 10 zogen zehn zahme Ziegen zehn Zentner Zucker zum Zoo.
- Zwanzig Zwerge machen Handstand, zehn am Wandschrank, zehn am Sandstrand.
- Ob er aber über Oberammergau oder aber über Unterammergau oder aber überhaupt nicht kommt, ist nicht gewiss.
- in Ulm, um Ulm und um Ulm herum
- Fischers Fritz fischt frische Fische (in vierzig fichtenen Fischfässern).

Lesen Sie den Zungenbrecher gemeinsam mit den Schülern, erst langsam und dann immer schneller. Lassen Sie den Satz von einzelnen Schülern lesen. Geben Sie den Schülern schließlich ein paar Minuten Zeit und starten Sie dann einen Zungenbrecher-Wettbewerb, bei dem immer zwei Schüler gegeneinander antreten. Stoppen Sie bei jedem Schüler die Zeit. Derjenige, der weniger Sekunden braucht, gewinnt.

Variation:

Notieren Sie sich von allen Schülern die Zeit und ermitteln Sie den Klassengewinner.

Fernsehwörter sammeln

Thema:	Wortschatz erweitern
Voraussetzungen:	keine
Kompetenzerwartungen:	Die Schüler hören aufmerksam zu und merken sich Wörter aus der Werbung.
Benötigte Materialien:	fünf Werbeclips, pro Schüler ein Arbeitsblatt
Vorbereitung:	Nehmen Sie ca. vier bis fünf Werbeclips auf. Sehen Sie sich die Werbeclips an und notieren Sie sich markante Wörter. Erstellen Sie ein Arbeitsblatt mit zwei Spalten (Name des Werbeclips/auffällige Wörter).

Spielanleitung:

Teilen Sie die Lerngruppe in mehrere Kleingruppen ein (max. vier Schüler pro Gruppe). Verteilen Sie das Arbeitsblatt. Erklären Sie den Schülern, was zu tun ist. Spielen Sie die Werbeclips einzeln ab. Nach jedem Werbeclip sollten die Schüler ca. zwei Minuten Zeit bekommen, um in der Gruppe möglichst viele Wörter aufzuschreiben, die im Werbeclip genannt wurden.
Bitten Sie die Gruppen, die Blätter zu tauschen. Spielen Sie die Werbeclips erneut einzeln ab. Diesmal überprüfen die Gruppen, ob die auf dem Zettel notierten Wörter tatsächlich im Werbeclip vorkommen. Hinter jedes genannte Wort wird ein Häkchen gesetzt, am Ende werden alle Häkchen zusammengezählt. Gewonnen hat die Gruppe, die insgesamt die meisten Wörter aufgeschrieben hat.

Hinweis zur Differenzierung:

Bilden Sie leistungsheterogene Kleingruppen, in denen die Leistungsstärkeren die Leistungsschwächeren unterstützen.

Variation:

Anstelle von Werbeclips können Sie auch Filmsequenzen zeigen. Es bietet sich an, mehrere kürzere Filmsequenzen aus verschiedenen Filmen zu zeigen, um die Motivation der Schüler aufrechtzuerhalten.

Lösungen würfeln

Thema:	Probleme benennen und Lösungen vorschlagen
Voraussetzungen:	keine
Kompetenzerwartungen:	Die Schüler finden Lösungen für Probleme, verbalisieren ihre Lösungsvorschläge und bewerten die Lösungsvorschläge anderer.
Benötigte Materialien:	ein (großer) Würfel; für die Variation Kärtchen (siehe Variation)
Vorbereitung:	Erstellen Sie für die Variation ca. zehn Kärtchen, auf denen jeweils eine Problemsituation beschrieben wird (z. B. „Deine beste Freundin hat in Mathe eine 6 geschrieben und traut sich nicht, nach Hause zu gehen. Was schlägst du vor?").

Spielanleitung:

Bilden Sie sechs Gruppen und ordnen Sie diesen eine Zahl von eins bis sechs zu. Stellen Sie eine Problemsituation kurz vor. Geben Sie den Schülern ein bis zwei Minuten Zeit, um in der Gruppe einen gemeinsamen Lösungsvorschlag zu erarbeiten. Würfeln Sie dann zweimal (oder nochmals, wenn Sie dieselbe Zahl gewürfelt haben). Bitten Sie beide Gruppen, ihren Lösungsvorschlag zu nennen. Entscheiden Sie sich für einen Lösungsvorschlag oder lassen Sie in der Klasse abstimmen und notieren Sie für diese Gruppe einen Punkt. Diese Gruppe denkt sich nun ihrerseits eine Problemsituation aus und stellt sie vor. Alternativ können auch Sie eine weitere Problemsituation vorstellen. Wiederum haben alle Gruppen Zeit zum Überlegen. Diesmal würfelt und entscheidet die Gewinnergruppe.

Hinweis zur Differenzierung:

Bilden Sie leistungsheterogene Gruppen, damit die leistungsschwächeren Schüler durch die leistungsstärkeren unterstützt werden.

Lösungen würfeln

Variation:

Spielen Sie Dreiergruppen mit den vorbereiteten zehn Kärtchen. Die Kärtchen liegen verdeckt auf einem Stapel. Spieler 1 zieht die oberste Karte und liest sie vor. Spieler 2 und 3 überlegen kurz und müssen dann beide jeweils eine Lösung vorschlagen. Spieler 1 wählt eine der Lösungen und gibt demjenigen, der den Lösungsvorschlag gemacht hat, einen Punkt. Es gewinnt, wer am Ende die meisten Punkte hat.

Das Haus vom Nikolaus: Zukunftswünsche

Thema:	Wünsche formulieren
Voraussetzungen:	keine
Kompetenzerwartungen:	Die Schüler können sich zu dem Thema „Persönliche Zukunft: Was mir wichtig ist" äußern und ihre Ansicht verdeutlichen.
Benötigte Materialien:	Tafel, Kreide
Vorbereitung:	keine

Spielanleitung:

Das Spiel ist besser bekannt unter den Namen „Galgenmännchen" oder „Hangman". In einer weiteren Variante zeichnet man statt des Strichmännchens am Galgen das Haus vom Nikolaus.
In dem Fall sagt man den Spruch „Das ist das Haus vom Nikolaus" auf und zeichnet dabei die Striche in folgender Reihenfolge:

1: Das	5: vom
2: ist	6: Ni
3: das	7: ko
4: Haus	8: laus

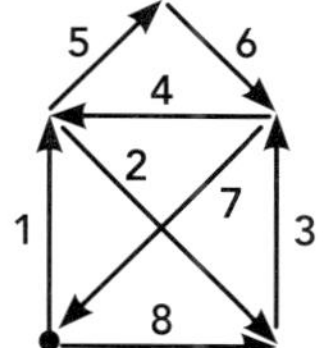

Nennen Sie den Schülern das Thema „Persönliche Zukunft: Was mir wichtig ist". Fordern Sie die Schüler auf, sich einen Begriff dazu auszudenken. Wählen Sie einen Schüler (Spieler) aus, der an die Tafel für jeden Buchstaben seines Begriffes einen waagrechten Strich zieht (also z. B. für den Begriff „Liebe": _ _ _ _ _). Bitten Sie nun die anderen Schüler, sich zu melden und, wenn sie vom Spieler aufgerufen werden, einen Buchstaben zu nennen. Kommt der genannte Buchstabe im Begriff vor, schreibt der Spieler ihn auf den entsprechenden Strich (z. B. _ _ E _ E). Kommt der genannte Buchstabe nicht vor, zieht der Spieler einen Strich vom „Haus des Nikolaus".
Die Runde ist beendet, wenn entweder der Begriff von einem Schüler erraten wurde oder das „Haus" vollständig ist. Der Spieler erklärt im Anschluss, warum er diesen Begriff gewählt hat und was dieser für ihn bedeutet bzw. was er damit verbindet. Wurde der Begriff von einem Schüler erraten, ist dieser als Nächster dran. Ansonsten darf der Spieler einen beliebigen Schüler auswählen oder es wird der Reihe nach gespielt.

Rollenspiel: Werbeclip für den Traumberuf

Thema:	Berufe thematisieren
Voraussetzungen:	Die Schüler kennen verschiedene Berufsbilder (Berufsbezeichnung, Tätigkeits- und Aufgabenfeld).
Kompetenzerwartungen:	Die Schüler können im Rollenspiel einen Beruf in Form eines Werbeclips vorstellen.
Benötigte Materialien:	evtl. eine Videokamera
Vorbereitung:	Erstellen Sie evtl. Tippkarten, auf denen Sie mögliche Berufe vorgeben und entsprechende Aufgabenbereiche ergänzen.

Spielanleitung:

Bitten Sie die Schüler, sich in Neigungsgruppen zusammenzufinden und gemeinsam einen Werbeclip für einen Beruf zu gestalten.
Mögliche Aufgabenstellung: „Stellt euch vor, ihr bekommt von der Industrie- und Handelskammer den Auftrag, einen Werbeclip für einen Beruf zu drehen. Wählt in der Gruppe einen Beruf aus und überlegt, wie ihr die Aufgaben und die Vorteile des Berufes kurz in werbender Form darstellen könnt. Führt den Werbeclip im Rollenspiel vor."
Geben Sie den Schülern ca. 20 Minuten Zeit, um den Werbeclip als Rollenspiel einzustudieren. Lassen Sie dann die verschiedenen Gruppen ihre Werbeclips vorführen, nehmen Sie die Präsentationen evtl. mit der Videokamera auf und bitten Sie die übrigen Gruppen um ein Feedback im Hinblick darauf, ob die Aufgaben des Berufes richtig dargestellt wurden und der Werbeclip ansprechend war.

Hinweis zur Differenzierung:

Für leistungsschwächere Klassen bietet es sich an, eine Vorauswahl an möglichen Berufen zu treffen und für diese Tippkarten mit Aufgabenbeschreibungen herzustellen.

Wünsche angeln

Thema:	Wünsche äußern und reflektieren
Voraussetzungen:	keine
Kompetenzerwartungen:	Die Schüler können eigene Wünsche äußern und reflektieren, ob sie sich deren Erfüllung zum momentanen Zeitpunkt finanziell leisten können („Das kann ich mir jetzt/noch nicht leisten.“).
Benötigte Materialien:	kleine Kärtchen (pro Schüler mindestens eins), jeweils mit einer magnetischen (!) Büroklammer versehen, eine Angel (Holzstab, an dem ein Magnet befestigt ist), ein Eimer oder Karton
Vorbereitung:	Bereiten Sie die Angel vor und versehen Sie die Kärtchen jeweils mit einer Büroklammer.

Spielanleitung:

Lassen Sie sich von den Schülern Wünsche nennen, die man mit Geld erfüllen kann (sowohl teure wie „Haus“, „Auto“ als auch weniger teure wie „Handtasche“, „Smartphone“ usw.). Schreiben Sie auf jedes Kärtchen einen der genannten Begriffe und legen Sie alle Kärtchen in den Eimer bzw. Karton. Stellen Sie den Behälter auf einen Tisch, sodass die Schüler nicht hineingucken können. Wählen Sie einen Schüler aus und geben Sie ihm die Angel. Der Schüler hat drei Versuche, um mit der Angel ein Wortkärtchen aus dem Eimer/Karton zu fischen. Hat er ein Wortkärtchen geangelt, liest er es vor und schätzt ein, ob er den Wunsch bereits heute erfüllen könnte oder nicht (z. B. „Eine Handtasche kann ich mir jetzt schon leisten.“ Oder: „Ein Auto kann ich mir noch nicht leisten.“).

Variation:

Schreiben Sie gleich viele Karten für momentan erfüllbare und momentan nicht erfüllbare Wünsche auf. Teilen Sie die Klasse in zwei Mannschaften. Mannschaft A muss möglichst viele momentan erfüllbare, Mannschaft B möglichst viele momentan nicht erfüllbare Wünsche angeln. Lassen Sie abwechselnd angeln. Zählen Sie, wenn alle Kärtchen geangelt wurden, nach, wer seinem Ziel näher gekommen ist.

Puzzle: Lebenslauf

Thema:	Lebensläufe formulieren
Voraussetzungen:	keine
Kompetenzerwartungen:	Die Schüler kennen Bausteine des Lebenslaufs und können aus Puzzleteilen einen Lebenslauf rekonstruieren.
Benötigte Materialien:	ein Lösungsblatt, pro Schüler oder Spielerpaar ein Umschlag mit Puzzleteilen
Vorbereitung:	Schreiben Sie einen fiktiven tabellarischen Lebenslauf. Kopieren Sie diesen in der nötigen Anzahl. Zerschneiden Sie den Text abschnittsweise und stecken Sie die so entstandenen Puzzleteile in einen Briefumschlag. Verfahren Sie ebenso mit den restlichen Kopien. Behalten Sie einen vollständigen Text als Lösungsblatt zurück.

Spielanleitung:

Das Puzzle kann alleine oder zu zweit gespielt werden. Geben Sie jedem Schüler bzw. Schülerpaar einen Umschlag. Die Schüler legen alle Puzzleteile auf den Tisch und bringen sie in die richtige Abfolge. Die Ergebnisse können mit dem Lösungsblatt verglichen werden.

Hinweis zur Differenzierung:

Sie können durch die Entscheidung für Einzel- oder Partnerarbeit differenzieren oder zwei unterschiedlich lange Lebensläufe schreiben.

Variation:

Lassen Sie zuerst von jedem Schüler einen Lebenslauf schreiben. Bitten Sie die Schüler, ihren Lebenslauf in Puzzleteile zu schneiden und die Puzzleteile in einem Umschlag zu sammeln. Wichtig: Das Puzzleteil mit dem Namen des Schülers wird weggenommen. Mischen Sie die Umschläge und verteilen Sie diese an die Schüler. Jeder ordnet die Puzzleteile. In einer anschließenden Präsentationsphase stellt jeder den geordneten Lebenslauf vor und versucht dann, anhand der Daten zu erraten, von wem der Text stammt.

Kartenspiel: Berufe

Thema:	Fachsprache anwenden (berufliche Tätigkeiten)
Voraussetzungen:	keine
Kompetenzerwartungen:	Die Schüler kennen verschiedene Berufsbezeichnungen.
Benötigte Materialien:	etwa jeweils zehn rote und blaue Karten pro Gruppe
Vorbereitung:	Sie können die Karten herstellen, indem Sie rote und blaue Blankoblätter in DIN A4 einmal längs und zweimal quer falten und so acht Karten erhalten.

Spielanleitung:

Sammeln Sie gemeinsam mit den Schülern an der Tafel ca. zehn Begriffspaare zum Thema Beruf, die aus einem Fachbegriff und einem erklärenden Begriff bzw. einem Synonym bestehen.

Beispiele:

- Vorgesetzter – Chef
- Auszubildender (Azubi) – Lehrling
- Arbeitnehmer – Angestellter
- Lohn – Gehalt

Verteilen Sie der Anzahl der Begriffspaare entsprechend viele blaue und rote Karten.
Die Schüler finden sich in Dreier- oder Vierergruppen zusammen und schreiben die Begriffspaare ab. Der eine Bestandteil des Begriffpaares wird auf eine rote, der andere auf eine blauen Karte geschrieben.
Alle roten Karten werden an die Spieler verteilt und auf die Hand genommen. Alle blauen Karten werden verdeckt gestapelt. Der erste Schüler zieht die oberste Karte und liest den Begriff vor. Alle Spieler gucken, ob sie den passenden Begriff auf einer roten Karte auf der Hand halten. Derjenige Schüler, der den passenden Gegenbegriff nennen kann, gewinnt die Karte und legt sie zusammen mit der roten ab.
Derjenige Schüler, der als Erster seine Karten abgelegt hat, hat gewonnen.

Kartenspiel: Berufe

Variation:

Spielen Sie mit zwei roten und einem blauen Kartensatz. Nun haben zwei Schüler den passenden roten Begriff auf der Hand. Derjenige Schüler, der diesen zuerst nennen und seine Karte zeigen kann, gewinnt die blaue Karte. Das Spiel ist beendet, wenn es keine blauen Karten mehr gibt. Gewonnen hat derjenige, der die meisten Karten hat.

Lernfeld 6:

Sich wohlfühlen

Hinweise zu Grund- und Aufbaukurs

Grundkurs

In diesem Lernfeld geht es um persönliches Befinden und Gefühlslagen, Vorlieben und Interessen, Kleidung und Essen, Hobby und Sport. Als weitere Themen kommen Natur und Wetter sowie Körperteile und Gesundheit hinzu.

Thema	Spielvorschlag	Seite
Befinden ausdrücken	Wie geht es dir?	111
Gefühlslagen beschreiben	Gefühle in der Tüte	112
Interessen äußern	Interessenskreis	113
Kleidung beurteilen	Modequeen	114
Essensvorlieben benennen	Lieblingsessen	115
Stadt und Natur beschreiben	Würfelspiel: Natur	116
Sportarten darstellen und erfragen	Pantomime: Sportarten	117
Körperteile benennen	Pärchenspiel mit Menschen: Körper	118
Glückwünsche in anderen Sprachen aussprechen	Domino: Glückwünsche aus aller Welt	119
Fachsprache anwenden (Wetter)	Rollenspiel: Interview	121

Aufbaukurs

Hier werden persönliche Belange wie Träume und Wunschvorstellungen, Freundschaft und Liebe, Lebensgestaltung und Ideale angesprochen. Als weitere Themen kommen Tiere sowie Fitness und Gesundheit hinzu.

Thema	Spielvorschlag	Seite
Wunschvorstellungen formulieren	Würfelspiel: Mein Leben als Millionär	122
Wunschvorstellungen formulieren	Blick in die Zukunft	123
Fachsprache anwenden (Musik)	Galgenmännchen: Musik	124
Ideale thematisieren	Stadt, Land, Fluss für Jugendliche	125
Tiere thematisieren	Tiere sammeln	126
Fachsprache anwenden (Sport, Fitness und Gesundheit)	Tabu: Sport	127
Personen präsentieren	Wer bin ich?	128

Wie geht es dir?

Thema:	Befinden ausdrücken
Voraussetzungen:	keine
Kompetenzerwartungen:	Die Schüler können ihr Befinden ausdrücken und begründen.
Benötigte Materialien:	ein kleiner Ball
Vorbereitung:	keine

Spielanleitung:

Stellen Sie sich mit den Schülern in einen Kreis. Werfen Sie einem Schüler den Ball zu und fragen Sie ihn: „Max, wie geht es dir?" Der Schüler antwortet und begründet seine Antwort, z. B. „Mir geht es gut, weil ich eine gute Note geschrieben habe." Oder: „Mir geht es nicht gut, weil ich mich krank fühle." Anschließend wirft der Schüler den Ball einem anderen Schüler zu und befragt ihn.

Hinweis zur Differenzierung:

In leistungsstarken Klassen können die Schüler mit weiteren Fragen die Situation des anderen genauer erfragen.

Gefühle in der Tüte

Thema:	Gefühlslagen beschreiben
Voraussetzungen:	keine
Kompetenzerwartungen:	Die Schüler kennen Ausdrücke für Gefühle und können Beispiele aus ihrem eigenen Leben benennen, in denen sie sich entsprechend gefühlt haben.
Benötigte Materialien:	18 Wortkarten (siehe Vorbereitung) in einer Tüte
Vorbereitung:	Erstellen Sie 18 Wortkarten mit Gefühlsadjektiven bzw. Ausdrücken wie: sich wohlfühlen, traurig, fröhlich, sauer/böse, gereizt, sich ungut fühlen, ein mulmiges Gefühl haben, Schmetterlinge im Bauch haben, Angst haben, ein schlechtes Gewissen haben, verbittert, beleidigt, glücklich, angewidert, erschrocken, eine böse Vorahnung haben, aufgeregt, gelangweilt. Stecken Sie die Kärtchen in die Tüte.

Spielanleitung:

Bilden Sie einen Stuhlkreis. Ziehen Sie eine Karte, lesen Sie den Begriff vor und nennen Sie ein Beispiel aus Ihrem Leben, das dazu passt (z. B. „traurig: Ich war neulich traurig, als unsere Katze verschwunden war.“). Stecken Sie die Karte zurück und geben Sie den Sack an Ihren linken Nachbarn weiter. Dieser verfährt nun ebenso wie Sie. Eine Runde ist beendet, wenn Sie den Sack wieder in der Hand halten. Spielen Sie, je nach Zeit, ein bis drei Runden.

Hinweise zur Differenzierung:

Je nach Leistungsstand Ihrer Lerngruppe sollten Sie entweder nur die gängigen Gefühlsadjektive (fröhlich, traurig, ängstlich, glücklich, böse) wählen oder auch solche, die eventuell nicht alle kennen (erbost, verbittert, eine böse Vorahnung haben). Bei einer heterogenen Gruppe können Sie mit zwei Tüten (z. B. einer grünen Tüte für einfache Begriffe und einer roten Tüte für schwierige Begriffe) spielen, wobei die Schüler entscheiden sollten, aus welcher Tüte sie eine Karte ziehen.

Interessenskreis

Thema:	Interessen äußern
Voraussetzungen:	keine
Kompetenzerwartungen:	Die Schüler äußern sich zu eigenen Interessen „Ich interessiere mich für …"/„Das find' ich … (super)!" und hören anderen aktiv zu.
Benötigte Materialien:	eine Themenliste (siehe Vorbereitung), in halber Klassenstärke kopiert
Vorbereitung:	Erstellen Sie eine Themenliste. Schreiben Sie ca. zehn Gesprächsthemen oder Fragen untereinander (z. B. „Für welche Sportart interessiert du dich?"/„Welche Musikgruppe findest du gut?"). Nummerieren Sie die Einträge.

Spielanleitung:

Lassen Sie die Schüler „1, 2" durchzählen. Alle Schüler mit der Nummer 1 bilden einen Innenkreis, alle anderen einen Außenkreis. Geben Sie allen Schülern im Innenkreis die Themenliste in die Hand. Stoppen Sie jeweils eine Minute, in der sich die einander gegenüberstehenden Schüler zu den Themen austauschen, und zeigen Sie den Wechsel nach einer Minute durch ein akustisches Zeichen an. Nach jeder Runde rücken die Außenkreisschüler im Uhrzeigersinn einen Schüler weiter und das nächste Thema auf der Themenliste wird besprochen. In der ersten Runde sprechen die Schüler über Thema 1 auf der Liste. Nach dem akustischen Signal wird mit dem neuen Partner Thema 2 besprochen usw. Wichtig ist, dass beide Gesprächspartner in der Minute zu Wort kommen.
Bitten Sie die Schüler, auf ihre Plätze zu gehen. Beginnen Sie die Fragerunde: Fragen Sie z. B. nach dem Musikgeschmack von Mehmet. Wer die Frage beantworten kann, meldet sich. Ist dies richtig, darf der antwortende Schüler nach den Interessen eines weiteren Schülers fragen. Ist die Antwort falsch, verbessert Mehmet und nun darf er fragen.

Modequeen

Thema:	Kleidung beurteilen
Voraussetzungen:	keine
Kompetenzerwartungen:	Die Schüler können eine Bewertung von Kleidung verständlich formulieren und begründen.
Benötigte Materialien:	einige Kleidungsstücke (Hüte, Schuhe, Accessoires oder Faschingssachen), wenn möglich ein großer Spiegel
Vorbereitung:	Bereiten Sie die Materialien vor.

Spielanleitung:

Das Spiel orientiert sich an der Fernsehshow „Shopping-Queen".
Teilen Sie die Klasse in mehrere Gruppen zu je vier Schülern auf. Erklären Sie den Schülern die Spielregeln. Es werden vier Runden (entsprechend der Anzahl der Schüler pro Gruppe) gespielt. In jeder Runde geben Sie ein Thema vor. Die Gruppe sucht ein Mitglied aus und kleidet dieses mit den zur Verfügung stehenden Materialien ein.
Alle neu eingekleideten Schüler (Models) stellen sich vor die Tafel. Jede Gruppe schreibt für jedes Model mit Ausnahme des eigenen eine Punktzahl von eins bis zehn und eine Begründung auf. Fragen Sie anschließend für jedes Model die Bewertungen der Gruppen ab. Ein Gruppensprecher nennt die Bewertung und die Begründung (z. B. „Meltem, wir haben dir acht Punkte gegeben, weil dir die Ohrringe sehr gut stehen, die Jacke passt aber nicht ganz zum Motto.").
Notieren Sie alle Punktzahlen und ermitteln Sie anschließend den Gewinner der Runde.
Das jeweilige Motto richtet sich nach den zur Verfügung stehenden Materialien. Beispiele: „Style dich für dein erstes Date." „Zieh dich schick an für einen Besuch bei Oma und Opa." „Zieh dich verrückt an für die nächste Verkleidungsparty." „Kleide dich angemessen für ein Vorstellungsgespräch." Neben der Kleidung kann natürlich auch die Frisur berücksichtigt werden.

Variation:

Wenn Sie weniger Zeit zur Verfügung haben, spielen Sie nicht alle vier Runden, sondern nur eine oder zwei.

Lieblingsessen

Thema:	Essensvorlieben benennen
Voraussetzungen:	keine
Kompetenzerwartungen:	Die Schüler können ihre Lieblingsspeisen („… schmeckt mir am besten.") benennen.
Benötigte Materialien:	eine Uhr mit Sekundenzeiger, evtl. eine Glocke als akustisches Zeichen
Vorbereitung:	keine

Spielanleitung:

Erklären Sie den Schülern die Spielregeln. Pro Runde benennen Sie eine Kategorie aus dem Bereich Nahrungsmittel (z. B. Getränke). Die Schüler haben genau eine Minute Zeit, um einen Partner zu finden, der in dieser Kategorie dieselbe Vorliebe hat (z. B. Kategorie „Getränke": Zwei Schüler, die beide am liebsten Cola trinken, bilden ein Paar.). Wer einen Partner gefunden hat, stellt sich mit diesem zusammen auf, sodass erkennbar ist, dass man ein Paar bildet.

Geben Sie nach genau einer Minute ein akustisches Zeichen, sodass die Schüler aufhören, einen Partner zu suchen. Fragen Sie anschließend bei allen Paaren und Einzelschülern nach. Die Schüler sollen einen passenden Satz sagen und diesen evtl. begründen (z. B. „Ich mag Limonade am liebsten, weil sie so süß schmeckt.").

Beispiele für Kategorien: Getränke, Snacks, Süßigkeiten, Obst, Gemüse, Frühstück, Mittagessen, Abendessen, Nachtisch.

Variation:

Spielen Sie das Spiel auch umgekehrt. Nun müssen die Schüler ihre Abneigung kundtun (z. B. „Pfefferminztee mag ich gar nicht, weil er mich an Medizin erinnert.").

Würfelspiel: Natur

Thema:	Stadt und Natur beschreiben
Voraussetzungen:	Die Schüler kennen Grundbegriffe für die nähere Beschreibung von Stadt und Natur.
Kompetenzerwartungen:	Die Schüler können Abbildungen von Stadt und Land mit vorgegebenen Begriffen in Beziehung setzen und passende Sätze formulieren („In … gibt es …“).
Benötigte Materialien:	pro Gruppe zwei oder drei Bögen mit 16 bzw. 24 Spielkarten und ein Würfel
Vorbereitung:	Erstellen Sie die Spielkarten: Falten Sie ein DIN-A4-Blatt einmal längs und zweimal quer, sodass Sie acht Felder erhalten. Kleben Sie in jedes Feld ein Bild aus einem Reiseprospekt, das eine Landschaft oder eine Großstadt zeigt. Schreiben Sie, wenn nötig, dazu, um welche Landschaft, um welches Land bzw. um welche Stadt es sich handelt. Erstellen Sie so zwei Bögen mit 16 Karten oder drei Bögen mit 24 Karten. Kopieren Sie sie für jede Gruppe.

Spielanleitung:

Schreiben Sie an die Tafel:
1 = Berge, 2 = Strand, 3 = Wald, 4 = Großstadt,
5 = aussetzen, 6 = freie Wahl.

Die Schüler spielen in Zweier- bis Vierergruppen. Jede Gruppe erhält einen Würfel sowie zwei oder drei Bögen. Die Schüler schneiden die Spielkarten aus und stapeln sie. Der erste Spieler zieht die oberste Karte vom Stapel und würfelt. Hat er eine passende Kombination (z. B. Karte „Ostsee“ und Würfelzahl „2 = Strand“) formuliert er einen passenden Satz (z. B. „An der Ostsee gibt es Strände.“) und behält die Karte. Passen Karte und Würfelzahl nicht zusammen (z. B. Karte „Ostsee“ und Würfelzahl „1 = Berge“), formuliert der Schüler einen entsprechenden Satz (z. B. „An der Ostsee gibt es keine Berge.“) und legt die Karte wieder unter den Stapel.
Das Spiel ist zu Ende, wenn alle Karten an die Spieler verteilt wurden.

Pantomime: Sportarten

Thema:	Sportarten darstellen und erfragen
Voraussetzungen:	Die Schüler kennen die Bezeichnungen verschiedener Sportarten.
Kompetenzerwartungen:	Die Schüler können Sportarten pantomimisch darstellen und nach Sportarten fragen („Spielst du Handball?").
Benötigte Materialien:	keine
Vorbereitung:	keine

Spielanleitung:

Wählen Sie einen Schüler aus, der sich vor die Klasse stellt und eine Sportart pantomimisch darstellt. Die anderen Schüler melden sich und fragen nach der Sportart („Spielst du Handball?"). Wer die Sportart erraten hat, darf als Nächster nach vorne kommen und eine weitere Sportart pantomimisch darstellen.

Mögliche Sportarten: Basketball, Handball, Fußball, Abfahrtski, Langlaufski, Snowboard fahren, Schwimmen, Turmspringen, Inlineskaten, Schlittschuhlaufen, Skateboardfahren, Turnen, Joggen, Hochsprung, Weitsprung, Diskuswerfen, Kugelstoßen, Gymnastik/Aerobic, Wandern.

Hinweis zur Differenzierung/Variation:

Geben Sie den Schülern die Sportarten vor (flüstern Sie sie ins Ohr oder schreiben Sie sie auf). Wählen Sie für leistungsschwächere Schüler bekanntere Sportarten, für leistungsstärkere Schüler weniger bekannte Sportarten.

Pärchenspiel mit Menschen: Körper

Thema:	Körperteile benennen
Voraussetzungen:	Die Schüler können Körperteile benennen.
Kompetenzerwartungen:	Die Schüler können schmerzende Stellen am Körper angeben („Mein … tut mir weh.").
Benötigte Materialien:	keine
Vorbereitung:	keine

Spielanleitung:

Das Spiel funktioniert wie das bekannte Memory®-Spiel – nur mit Menschen als „Pärchen". Wählen Sie zwei Schüler (Spieler) aus, die den Raum verlassen. Bitten Sie die anderen Schüler, sich zu Paaren zusammenzufinden. Damit Doppelungen vermieden werden, sollten Sie nun eine Phase einschalten, in der Sie mit den Schülerpaaren vereinbaren, wer welchen Körperteil wählt. Zeigen Sie stumm auf das entsprechende Körperteil und dann auf das Schülerpaar. Bitten Sie die beiden Spieler wieder herein. Spieler 1 ruft zwei Schüler auf, die aufstehen, auf das ausgewählte Körperteil zeigen und z. B. sagen: „Mein Kopf tut mir weh." Dies kann mit Mimik und Gestik unterstrichen werden. Bilden die beiden Schüler ein Paar, stellen sie sich hinter Spieler 1, der dann noch einmal dran ist. Bilden Sie kein Paar, setzen sie sich wieder hin und Spieler 2 ist dran. Es wird so lange gespielt, bis alle Paare gefunden wurden. Gewonnen hat derjenige Spieler, der die meisten Paare gefunden hat.

Variation:

Um Unruhe zu vermeiden, können Sie auch alle Schüler bitten, sich auf die Tische zu setzen. Schülerpaare, die gefunden wurden, setzen sich. Führen Sie eine Strichliste an der Tafel für beide Spieler und vermerken Sie, wer wie viele Paare gefunden hat.

Domino: Glückwünsche aus aller Welt

Thema:	Glückwünsche in anderen Sprachen aussprechen
Voraussetzungen:	keine
Kompetenzerwartungen:	Die Schüler können in anderen Sprachen Glückwünsche formulieren.
Benötigte Materialien:	pro Schüler eine Dominovorlage (siehe Vorbereitung) und ein Briefumschlag
Vorbereitung:	Entwerfen Sie auf einem DIN-A4-Blatt eine Domino-Vorlage, d. h. eine Tabelle mit vier Spalten und fünf Zeilen. Schreiben Sie in das erste Kästchen „START", in das letzte Kästchen „ENDE" (siehe unten). Kopieren Sie die Vorlage der Anzahl der Schüler entsprechend.

START			
			ENDE

Spielanleitung:

Bitten Sie die Schüler, in ihren Herkunftssprachen Glückwünsche zu nennen und an die Tafel zu schreiben. Die deutsche Übersetzung sollte in Klammern dazu geschrieben werden, z. B. Good luck! (Viel Glück!). Bitten Sie die Schüler, neben die Formulierung die Flagge des entsprechenden Landes zu malen sowie den Namen des Landes zu notieren. Sammeln Sie Glückwünsche in neun verschiedenen Sprachen und nummerieren Sie sie von 1 bis 9.

Domino: Glückwünsche aus aller Welt

Verteilen Sie die Domino-Vorlagen und erklären Sie den Schülern, dass es pro Zeile zwei Dominokarten gibt und die Karten somit nach dem Beschriften an den gestrichelten Linien auseinandergeschnitten werden. Erklären Sie, wie die Karten zu beschriften sind: Die erste Dominokarte besteht aus dem linken Kästchen „START" und Glückwunsch 1. Die zweite Karte zeigt links die zum vorausgehenden Glückwunsch 1 gehörende Flagge 1 und den Ländernamen 1. Im rechten Feld steht der zweite Glückwunsch.

START	Glückwunsch 1	Flagge 1 Land 1	Glückwunsch 2
Flagge 2 Land 2	Glückwunsch 3	Flagge 3 Land 3	Glückwunsch 4
Flagge 4 Land 4	Glückwunsch 5	Flagge 5 Land 5	Glückwunsch 6
Flagge 6 Land 6	Glückwunsch 7	Flagge 7 Land 7	Glückwunsch 8
Flagge 8 Land 8	Glückwunsch 9	Flagge 9 Land 9	**ENDE**

Gespielt wird zu zweit oder zu dritt mit einem Kartensatz. Alle Karten werden gleichmäßig verteilt. Der älteste Spieler beginnt und legt eine beliebige Karte ab. Im Uhrzeigersinn werden die anderen Karten angelegt, bis alle Karten verbraucht sind.

Variation:

Kopieren Sie eine Dominovorlage auf OHP-Folie. Lassen Sie die Schüler direkt auf die Folie die Glückwünsche und die Namen des Herkunftslandes schreiben. Kopieren Sie anschließend die Folie für alle. Die Schüler müssen die Karten dann nur noch ausschneiden.

Rollenspiel: Interview

Thema:	Fachsprache anwenden (Wetter)
Voraussetzungen:	Die Schüler kennen verschiedene Wettererscheinungen, z. B. Regen, Schnee, Gewitter, Hagel usw.
Kompetenzerwartungen:	Die Schüler können Wettererscheinungen beschreiben. Sie sind in der Lage, mit anderen gemeinsam ein Rollenspiel zu erarbeiten und zu präsentieren.
Benötigte Materialien:	Tafel, Kreide
Vorbereitung:	keine

Spielanleitung:

Tragen Sie mit den Schülern alle Wettererscheinungen, die sie kennen, an der Tafel zusammen.
Stellen Sie den Arbeitsauftrag: Die Schüler sollen in Zweier- oder Dreiergruppen ein Rollenspiel einüben. Ein Wetterexperte wird zum Wetter befragt und vom Interviewpartner jedes Mal gestoppt, wenn er eine Wettererscheinung nennt. Der Wetterexperte muss daraufhin jedes Mal erklären, worum es sich bei der Wettererscheinung handelt. Geben Sie ca. 15–20 Minuten Zeit zum Einüben und lassen Sie anschließend die Gruppen ihr Rollenspiel präsentieren. Die Zuschauer erhalten den Auftrag, darauf zu achten, wie viele Wettererscheinungen genannt wurden und ob sie richtig erklärt wurden.

Hinweis zur Differenzierung:

Erstellen Sie ein Rollenspielskript, in dem die Fachbegriffe ausgespart wurden (also einen Lückentext). Die Schüler setzen zunächst die richtigen Fachbegriffe in die Lücken ein und studieren dann das Rollenspiel mit dem Partner ein.

Würfelspiel: Mein Leben als Millionär

Thema:	Wunschvorstellungen formulieren
Voraussetzungen:	keine
Kompetenzerwartungen:	Die Schüler können Fragen zu ihrem Leben als Millionär beantworten.
Benötigte Materialien:	ein Würfel pro Gruppe, pro Spieler ein DIN-A4-Blankoblatt und ein Stift
Vorbereitung:	keine

Spielanleitung:

Schreiben Sie Folgendes an die Tafel:
Was würdest du tun, wenn du Millionär wärst?
1 = Wohin würdest du reisen?
2 = Wo würdest du leben?
3 = Was würdest du den ganzen Tag machen?
4 = Wer würde dich begleiten?
5 = Was würdest du als Erstes kaufen?
6 = Was dürfte auf keinen Fall fehlen?

Teilen Sie die Klasse in Spielgruppen ein. Geben Sie jeder Gruppe einen Würfel und jedem Schüler ein Blatt. Erklären Sie die Spielregeln: In der Gruppe wird der Reihe nach gewürfelt, der Spieler mit der höchsten Zahl beginnt. Hat ein Spieler gewürfelt, muss er den zur Augenzahl passenden Satz an der Tafel vorlesen und beantworten. Anschließend schreibt er die Frage und die Antwort auf sein Blatt. Wer eine Zahl würfelt, die er bereits hatte, sucht nach einer anderen Antwort auf die Frage und schreibt ebenfalls beides auf. Gewonnen hat, wer zuerst auf alle Fragen eine Antwort gegeben hat.

Blick in die Zukunft

Thema:	Wunschvorstellungen formulieren
Voraussetzungen:	keine
Kompetenzerwartungen:	Die Schüler können ihre Wünsche für die Zukunft verbalisieren („Ich wäre gerne …").
Benötigte Materialien:	pro Schüler ein DIN-A5-Blankoblatt, ein Stift
Vorbereitung:	keine

Spielanleitung:

Schreiben Sie Folgendes an die Tafel: „Wenn ich erwachsen bin, wäre ich gerne …" Bitten Sie die Schüler, den Satzanfang abzuschreiben und fortzusetzen. Die Schüler sollen auf ca. einer halben Seite von ihrer Wunschvorstellung berichten. Achten Sie darauf, dass die Schüler ihren Namen nicht dazuschreiben. Setzen Sie sich mit den Schülern in einen Stuhlkreis. Sammeln Sie alle Zettel ein, mischen Sie sie und verteilen Sie sie wieder. Bitten Sie die Schüler, die Zettel still zu lesen. Wählen Sie einen Schüler aus, der einem anderen Schüler drei Fragen stellen darf, um herauszufinden, ob der Zettel in seiner Hand diesem Schüler gehört (z. B. „Tina, wärst du später gerne berühmt?"). Der fragende Schüler stellt eine Vermutung an, ob der Zettel dem befragten Schüler gehört oder nicht. Dann ist der nächste Schüler dran. Wer seinen Zettel richtig zuordnen kann, gibt ihn an den Schreiber zurück. Das Spiel ist zu Ende, wenn jeder wieder seinen eigenen Zettel in den Händen hält.

Hinweis zur Differenzierung:

Differenziert wird durch Länge und Komplexität des zu schreibenden Textes.

Variation:

Lassen Sie die Zukunftsperspektive weg und leiten Sie mit folgender Geschichte ein: „Stellt euch vor, eine gute Fee käme zu euch und sie hat die Macht, euch zu verändern. Wie würdet ihr gerne sein?" Schreiben Sie an die Tafel: „Ich wäre gerne …".

Galgenmännchen: Musik

Thema:	Fachsprache anwenden (Musik)
Voraussetzungen:	Die Schüler kennen die Fachbegriffe aus dem Bereich Musik (z. B. Notenschlüssel, Tonart, Note, Oper, Operette, Musical, Bezeichnungen für verschiedene Instrumente oder Musikrichtungen usw.).
Kompetenzerwartungen:	Die Schüler können einzelne vorgegebene Buchstaben zu Fachbegriffen aus dem Bereich Musik ergänzen.
Benötigte Materialien:	Tafel, Kreide
Vorbereitung:	Erstellen Sie eine Liste mit Fachbegriffen aus dem Bereich Musik, die die Schüler kennen.

Spielanleitung:

Wählen Sie einen Begriff aus (z. B. „Note"). Ziehen Sie für jeden Buchstaben des Begriffs einen kurzen waagrechten Strich an der Tafel (_ _ _ _). Fordern Sie die Schüler auf, Ihnen Buchstaben zu nennen. Kommt ein Buchstabe im Wort vor, schreiben Sie ihn auf den passenden Strich (z. B. „t": _ _ t _). Kommt ein Buchstabe mehrfach im Wort vor, schreiben Sie ihn an allen Stellen, an denen er vorkommt, auf.
Nennen die Schüler einen Buchstaben, der nicht im Wort vorkommt, zeichnen Sie jedes Mal einen Teil eines Galgens.

Hinweis zur Differenzierung:

Wählen Sie einfachere oder schwierigere Begriffe oder geben Sie einige Buchstaben vor.

Variation:

Zeichnen Sie statt des Galgens das „Haus vom Nikolaus" (vgl. S. 103).

Stadt, Land, Fluss für Jugendliche

Thema:	Ideale thematisieren
Voraussetzungen:	keine
Kompetenzerwartungen:	Die Schüler tauschen sich über Ideale aus.
Benötigte Materialien:	pro Schüler ein DIN-A4-Blankoblatt oder ein Arbeitsblatt (siehe Vorbereitung)
Vorbereitung:	Bereiten Sie gegebenenfalls ein Arbeitsblatt mit einer Tabelle mit sechs Spalten und zehn Zeilen vor und kopieren Sie es in Klassenstärke.

Spielanleitung:

Zeichnen Sie eine Tabelle an die Tafel. Bestimmen Sie gemeinsam, welche Überschriften in die Spalten kommen sollen. Die Schüler müssen ergänzen können „… finde ich toll/cool". Infrage kommen z. B. Sportarten, Fernsehsendungen, Freizeitaktivitäten, Musiker/Sänger/Musikgruppe, Schauspieler (Nachname), Sportstars (Nachname), evtl. auch Lebensmittel/Speisen und Getränke, Länder/Orte. Über der letzten Spalte steht „Punkte".
Teilen Sie die Schüler in Kleingruppen (drei bis fünf Spieler) ein. Verteilen Sie die Blätter und fordern Sie die Schüler auf, die Tabellenspalten mit den Überschriften auf das Blatt zu übertragen.
Die Schüler spielen das Spiel wie folgt:
Schüler 1 sagt laut „A" und zählt dann leise die weiteren Buchstaben des Alphabets auf. Schüler 2 sagt irgendwann „Stopp". Schüler 2 nennt den Buchstaben, den er gerade leise gesagt hat (z. B. „D"), laut. Nun versuchen alle Schüler möglichst schnell, die Spalten zu füllen (z. B. Diskuswerfen, DSDS, Doppelkopf spielen, Duran Duran usw.). Wer als Erster alle Spalten gefüllt hat, ruft laut „Eins" und zählt dann leise bis zehn. Danach ruft er laut „Stopp", alle legen den Stift aus der Hand. Nun wird verglichen. Haben mehrere Schüler den gleichen Begriff eingetragen, bekommt jeder 5 Punkte.
Für einen Begriff, den sonst keiner hat, bekommt man 10 Punkte. Hat man als Einziger eine Kategorie ausgefüllt, bekommt man 20 Punkte.
Nun beginnt die nächste Runde, Schüler 2 sagt laut „A" und zählt dann leise die weiteren Buchstaben des Alphabets auf.

Tiere sammeln

Thema:	Tiere thematisieren
Voraussetzungen:	keine
Kompetenzerwartungen:	Die Schüler können begründen, weshalb sie ein Tier mögen bzw. nicht mögen.
Benötigte Materialien:	pro Gruppe 15 bis 20 Tierkarten
Vorbereitung:	Bereiten Sie pro Kleingruppe ca. 20 Tierkarten vor. Kleben Sie dazu Bilder von unterschiedlichen Tieren auf kleine Karten oder beschriften Sie die Karten mit den Namen unterschiedlicher Tiere.

Spielanleitung:

Das Spiel wird in der Kleingruppe zu dritt gespielt. In der ersten Runde deckt Schüler 1 die oberste Karte vom Stapel auf. Schüler 2 und Schüler 3 spielen gegeneinander. Sie nennen jeder eine Begründung dafür, weshalb sie das auf der Karte abgebildete Tier unbedingt in ihrem Zoo haben möchten (z. B. „In meinem Zoo gibt es noch kein Nilpferd, aber wir haben ein leeres Becken. Das Nilpferd würde sich hier sehr wohlfühlen."). Schüler 1 hört sich die Begründungen an und gibt die Karte demjenigen, der ihn am meisten überzeugt hat. In der zweiten Runde deckt Schüler 2 die Karte auf, Schüler 3 und Schüler 1 spielen gegeneinander. Wurden alle Karten verteilt, werden sie gezählt. Wer die meisten Karten hat, hat gewonnen.

Hinweis zur Differenzierung:

Differenzieren können Sie durch die Anzahl der Karten und durch eine geeignete Auswahl an Tieren (leistungsschwächere Schüler bekommen nur Tierbilder der bekanntesten Tiere, leistungsstärkere Schüler auch Bilder von weniger bekannten Tieren).

Variation:

In einer weiteren Runde können die Schüler das Spiel auch umgekehrt spielen und müssen Begründungen finden, warum das Tier auf keinen Fall in ihrem Zoo untergebracht werden kann (z. B. „Bei mir kann keine Katze untergebracht werden, weil sonst meine Mäuse Angst bekommen.").

Tabu: Sport

Thema:	Fachsprache anwenden (Sport, Fitness und Gesundheit)
Voraussetzungen:	Die Schüler kennen Fachbegriffe aus den Bereichen Sport, Fitness und Gesundheit.
Kompetenzerwartungen:	Die Schüler schulen ihre Ausdrucksfähigkeit und sie festigen ihren Wortschatz zu den Themen Sport, Fitness und Gesundheit.
Benötigte Materialien:	zwei bis drei OHP-Folien, Folienstift, pro Gruppe eine Kopie der mit den Schülern ergänzten OHP-Folien (siehe Spielanleitung) und eine Uhr mit Sekundenzeiger
Vorbereitung:	Ziehen Sie auf den OHP-Folien Linien, sodass acht gleich große Felder entstehen.

Spielanleitung:

Erstellen Sie gemeinsam mit den Schülern auf den Folien die Tabukarten. Notieren Sie dazu in jedem Feld einen Fachbegriff (unterstrichen oder in Großbuchstaben geschrieben). Darunter stehen drei Wörter, die man nicht benutzen darf, wenn man den Fachbegriff erklären soll (z. B. Sit-up: Bauch, Übung, Muskeln).
Teilen Sie die Klasse in Vierer- oder Sechsergruppen.
Kopieren Sie die Folien für jede Gruppe einmal.
Die Schüler schneiden entlang der Linien und erhalten so Spielkarten.
Sie stapeln die Karten.
Jeweils zwei bzw. drei Schüler einer Gruppe bilden eine Mannschaft.
Ein Schüler von Mannschaft A und ein Schüler von Mannschaft B sitzen nebeneinander. Der A-Schüler zieht die oberste Karte und zeigt sie dem B-Schüler. Der B-Schüler versucht, den Begriff seinem B-Partner zu erklären, während der A-Schüler darauf achtet, dass die Tabuwörter nicht verwendet werden. Nach genau einer Minute ruft er „Stopp“. Innerhalb dieser Minute können mehrere Begriffe erklärt werden. Karten, die richtig erraten wurden, gehören der jeweiligen Mannschaft.
Gewonnen hat, wer am Ende mehr Karten hat.

Wer bin ich?

Thema:	Personen präsentieren
Voraussetzungen:	keine
Kompetenzerwartungen:	Die Schüler können in einem kurzen Steckbrief eine berühmte Persönlichkeit vorstellen. Die Schüler können mittels Fragen eine Persönlichkeit erraten.
Benötigte Materialien:	pro Schüler ein DIN-A5-Blankoblatt, Klebestreifen
Vorbereitung:	keine

Spielanleitung:

Lassen Sie sich von den Schülern die Namen von Stars nennen und stellen Sie sicher, dass alle Schüler die genannten Personen kennen. Besprechen Sie mit den Schülern, welche Merkmale auf einem Starsteckbrief aufgelistet werden können, z. B. Name, Beruf (Musiker/Sänger/Schauspieler/Fußballer), Geschlecht, Alter, Haarfarbe, Aussehen (groß/klein, dick/dünn), Nationalität, größter Erfolg (Filmtitel, Songtitel). Verteilen Sie die Blankoblätter und bitten Sie jeden Schüler, einen Steckbrief für einen der genannten Stars zu erstellen. Sammeln Sie alle Steckbriefe ein und mischen Sie sie. Kleben Sie dann jedem Schüler mit Klebestreifen einen Steckbrief auf den Rücken, sodass der Schüler ihn nicht lesen kann.

Spielen Sie das Spiel: Die Schüler gehen durch den Raum und befragen ihre Mitschüler zum eigenen Steckbrief. Die Fragen sollen nur mit „Ja" oder „Nein" beantwortet werden, z. B. „Bin ich ein Mann?" oder: „Bin ich ein Sportler?". Nach jeweils drei Fragen und Antworten wird der Partner gewechselt. Wer herausgefunden hat, wer auf dem Steckbrief beschrieben wird, der auf seinem Rücken klebt, nimmt den Zettel ab. Das Spiel ist zu Ende, wenn alle Stars erraten wurden.